품격 있는 삶과 문학

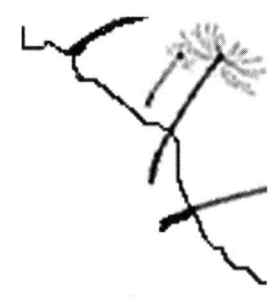

예당 조병락 수필집

글 싣는 순서

머리말	4
축 사(이종찬)	7
축 사(장호병)	10
추천사(이시찬)	13

1부 삶

인생의 참 멋	17
젊게 보이시네요	18
나야 나	24
나의 실수담	30
막국수의 추억	33
비운의 고려인들	37
볼 수 있는 축복	41
반지하방의 삶	47
아찔했던 순간들	51
고목의 열매	56
건강 단상	60
현대적 의미의 히어로	69
삶의 종착역	73

예당 조병락 수필집 목차

2부 문화

덕풍만리	80
동기회의 의의와 우정	86
공금에 대하여	89
설명절	94
박열 열사 아들 육사 합격담	102
송구영신	108
비련의 여류 천재시인 허난설헌	110
수요 오찬	117
노블레스 오블리주	121
전승의 요체	130
모든 사람이 먼저다	134
올바른 가치판단	137

3부 자연

봄이 오면	144
오월 예찬	146
국화꽃 연정	150
가을의 상념	153
상선약수	157
우생마사의 교훈	160
산은 푸르고 물은 맑도다	166
천하제일의 수경	173
시베리아 횡단열차 기행	185

머리말 – 수필집을 펴내며

삶이란 한 생명이 태어나서 죽기에 이르는 동안 살아 존재하는 현상을 말합니다. 사람에 따라서 삶이 고달프기도 하고 행복하기도 합니다. 수저계급론에 의하면 금수저의 삶도 있고 흙수저의 삶도 있습니다. 살만큼 살아보니 삶은 부정적일 때 불행하게 되며 긍정적일 때 행복하게 됨을 절실히 느끼게 됩니다.

존 고든의 저서 〈인생단어〉를 보면 "삶이 쉬워서 긍정적으로 사는 것이 아니라, 삶이 어렵기 때문에 긍정적으로 사는 것이다."라고 씌어 있습니다. 아무리 어려운 삶일지라도 긍정적으로 살 때 비로소 삶의 가치가 있다는 뜻입니다.

이름이 같은 물건이라도 그 품질이 다른 것처럼 사람의 품격에도 등급이 있습니다. 남에게 피해를 입히는 범죄자들, 생각이 짧아 언행이 경망스럽고 욕심에 따라 사는 사람들, 재물과 지위에 의존하여 사는 사람들이 있습니다. 그런가 하면 나라와 겨레를 위해서 헌신 봉사하며 몸과 목숨까지도 바친 국가유공자, 의인, 열사, 애국지사도 있습니다.

사람의 품격은 대부분 그의 언행에서 표출됩니다. 예의범절

이 올바르고 필요한 만큼 절제할 줄 알며 옳은 일을 위해서는 수고로움과 불편을 감수하고 목숨까지라도 바칠 수 있는 사람이면 품격있는 사람이라 할 수 있습니다.

또 기본과 상식을 지키며 매사에 성실하고 타인에게 도움을 주는 베풀고 배려할 줄 아는 덕망이 있는 사람이야말로 아무나 흉내낼 수 없는 품격있는 삶을 사는 사람이라 할 수 있습니다.

문학은 삶의 가치 있는 경험을 상상력을 토대로 하여 언어로 짜임새 있게 표현한 예술입니다. 문학의 역할은 서로 모습이나 피부색깔, 장애인처럼 처지가 다른 사람들이 어떻게 타인을 이해하며 화합하고 사랑하며 살아야 할 것인가를 깨우치게 하는 일입니다.

여러 제약 때문에 모든 경험을 다 할 수 없는 현대인들에게 문학은 삶의 다양한 경험을 제공함으로써 간접 경험을 통해서 정신적으로 성숙되게 하며 삶의 처절한 고통, 환희, 열정, 사랑 등을 느끼고 감동케 합니다. 품격 있는 문학작품은 품위 있는 삶을 살 수 있는 지혜를 제공합니다. 그래서 삶과 문학은 한 몸이라 생각됩니다.

그 사람의 작품에 대한 평가는 높으나 작가로서의 사람됨이 함량 미달이라면 그의 삶은 가치가 없으며, 결국 그의 작품 평가도 절하될 수밖에 없을 것입니다. 문학계의 거목이었던 모 인사가 미투사건에 연루됨으로써 교과서에 수록되어 있었던 그의 작품들이 모조리 삭제되어버린 예는 그 좋은 본보기라 할 수 있습니다.

여러 문학 장르 중 품격 있는 수필을 탕관에 넣고 끓이면 주옥같은 시가 되고, 가마솥에 넣고 삶으면 대하소설이 된다고 합니다. 나는 그런 수필을 쓰기 위해서, 또한 품위 있는 삶을 살도록 노력해 왔으며 앞으로도 이 고난의 역정은 더욱 끈질기게 계속될 것임을 다짐합니다. 그래서 나의 수필집 제목도 『품격 있는 삶과 문학』으로 정했습니다.

이 수필집의 출판에 대한 축사를 써주신 전 국회의원, 안기부장이셨으며 현 국립임시정부기념관 건립위원장이시고 육사 석좌교수이신 이종찬님, 전 북랜드 대표, 죽순문학회 회장, 대구과학대학교 멀티미디어과 겸임교수이셨으며 현 (사)한국수필가협회 이사장이신 장호병님, 시인, 수필가, 평론가이시며 도서출판 문학의봄 대표이고 계간 종합문예지 문학의봄 발행인이신 이시찬님 등 존경하옵는 저명인사분들께 심심한 사의를 표하오며, 무한한 영광으로 생각합니다. 이 책의 출판을 위해서 수고해주신 문학의봄 출판국장 박찬희님을 비롯한 모든 분들께도 감사의 말씀 올립니다.

아무쪼록 독자 여러분들께서 이 책을 읽은 보람이 있기를 간절히 기원합니다. 감사합니다.

- 2019년 10월에 국봉산방에서, 예당 조병락 올림

축사

예당 조병락 형의 수필집 축하문

이종찬
전 국회의원

　예당 조병락 형(앞으로 예당으로 호칭하겠음)이 수필집 『품격 있는 삶과 문학』을 펴낸다는 소식을 듣고, '이건 뉴스도 아니다. 예당은 일찍이 학창시절부터 문재가 뛰어나 여러 편의 글을 쓴 것을 이미 내가 읽고 감명 받았는데 이제 새삼스럽게 수필집을 낸다는 것은 구문(舊聞)중에 구문 아닌가?' 이렇게 생각했는데 막상 작품을 보니 역시 예당의 글은 언제보아도 신품(新品)이었다.

　예당의 수필집은 단순히 수필이라 단정하는 것 보다 회고록에 가깝다고나 할까? 예당이 살아온 진실한 삶의 궤적이 모두 녹아 있었다. 예당과 나는 화랑대 육군사관학교 생활을 4년간 같이 했다. 그 시절에도 예당은 항상 시대의 흐름 속에서 모든 현상을 그대로 보아 넘기지 않았다. 특유의 시각으로 관찰하고, 비판하고, 의미를 찾아내는 데 우리를 놀라게 한 적이 한 두 번이 아니었다.

그런 삶을 살아왔으니 본인의 삶이 얼마나 충실하였을까? 아니 고달팠다고 하는 편이 더 적절할 것이다. 그럼에도 그 삶을 그대로 지나쳐버리지 않고 이런 훌륭한 글로 남기는 것은 예당만이 가질 수 있는 문학성이라 생각한다. 그의 글에서 이미 말했듯이 그의 수필은 "가마솥에 넣고 삶으면 대하소설이 된다."고 했는데 예당의 이 수필집이야말로 대하소설로 들기에 충분한 예당만의 '인생에 대한 깊은 뜻'이 숨겨져 있다.

우리는 역사적으로 가장 드라마틱한 시기에 살았다. 육사생도시절에는 이승만 정권 말기 숱한 모순 속에서 말도 제대로 못하고 살았다. 임관한 직후 4·19, 5·16의 정치적 격동기에도 초급장교로서 어리벙벙한 채 일선에서 보냈다. 그러는 사이 예당은 서울대에서 한국문학을 전공했고 다시 육사로 돌아와 후배들에게 문학을 가르쳤다. 산업화와 민주화시기를 차례로 지나면서 예당은 군인과 퇴역한 민간인으로서 적지 않은 역사 현장을 생생하게 체험했을 것이다. 솔직히 나 같은 둔재는 이런 역사의 급격한 변화를 증언할 자신이 없다. 마치 눈 감고 입도 뻥긋 못하는 삶과 같다. 그러나 예당은 이를 글로 담아낼 만한 충분한 기량이 있다. 그러므로 우리가 겪은 격동의 역사의 숨겨진 뒷면을 정리하는데 앞으로 크게 기여할 것이라 생각한다.

오히려 아쉽다면 왜 이런 수필이 이제야 나왔는가? 개탄해야 할 문제다. 문학은 그 시대를 표현하는 것 이상으로 앞으로 올 시대를 예고하는 힌트를 우리에게 준다고 했다. 예당이 이번에 우리에게 제시하는 '품격 있는 삶'이란 아마 우리 다음 세대에게 어떤 암시를 주고 있음이 틀림없다. 이를 지침으로 삼아 새로운 시대의 삶을 개척하는 작업은 아마 다음세대의 몫이 되겠지만 나는 예당의 글을 읽으면서 지나온 시대를 반추하는 기회도 갖게 될 것이라 믿고 있다.

예당이 가리키는 '품격 있는 삶'을 충실히 읽고 더 많이 생각해 보겠음을 다짐하면서.

2019년 10월 3일

인왕산 밑 나의 서재에서
이 종 찬

축사

삶의 내공, 지혜와 위안으로 널리 나누시다

장호병
(사)한국수필가협회 이사장

　예당 조병락 교수님의 수필집 『품격 있는 삶과 문학』 상재를 이 땅의 수필인들과 함께 축하드립니다.
　글쓰기 환경이 좋아졌다고는 하나 글을 쓴다는 것은 예나 지금이나 지난한 일 중의 하나입니다. 오죽했으면 '피를 찍어 쓴다'고 하였을까요.
　최근 후문학파란 말이 생겨났습니다. 한때 문학청년 아니었던 사람이 없습니다. 현업에서는 작품 활동을 할 겨를 없이 바삐 살았지만 은퇴 후 삶의 의미를 찾는 인문학 열풍과 함께 문학에 열정을 쏟는 분들이 많습니다. 그 결과 젊은 시절부터 문학에 매진해 온 분들과 어깨를 나란히 할 정도의 어르신 작가들이 많이 출현하였습니다. 그 분들을 후문학파라 일컫습니다. 문학은 현실에 발을 딛고 이상을 추구합니다. 삶이 곧 문학의 큰 자산이 되었기에 가능한 일입니다.

일본에서는 아라한(アラハン)이라는 말이 등장하였습니다. 최근 10여 년 간 박스권 베스트셀러 작가들의 연령대가 주로 100세 전후(around hundred)라서 생긴 말입니다. 생업 현장에서 열심히 살았던 어르신들이 후세를 위한, 또는 동시대를 살았던 분들을 위한 삶의 지혜와 위안을 책 속에 담았습니다.

수필쓰기는 문학커뮤니케이션의 한 방법입니다. 커뮤니케이션의 라틴어 어원 콤무니카레(communicare)에는 '진보를 위한 나눔과 일치(communio et progressio)'란 뜻이 내포되어 있습니다. 개인과 개인, 개인과 집단, 집단과 집단 사이에 나눔을 통하여 일치를 이루는 것이 최선의 소통이자 설득 방법입니다. 나누어서 줄어드는 제로섬(zero sum)이 아니라, 나누고 나누어도 줄지 않는 윈-윈(win-win)을 도모합니다.

수필(隨筆)은 남송시대 홍매의 저술 〈용재수필〉(容齋隨筆)에서 비롯됩니다. 홍매는 박학다식한 학자로 독서광이었으며 용재(容齋)는 그의 호입니다. 40여 년의 독서와 인간관계에서 자신의 견해를 메모 형태로 정리하여 집대성한 것이 5집 74권의 용재수필입니다. 생각 가는 대로, 격식에 구애되지 않고 자유롭게 쓴 글로 여겨지지만 700년이나 지나 이를 애독하였던 모택동이 죽는 순간까지도 찾았을 만큼 풍부한 자료, 격조 높은 문장, 사건에 대한 다채로운 논의와 확실한 고증을 두루 갖춘 탁월한 저작물입니다.

수필을 자의적으로 해석하면 '붓 가는 대로' 즉 작심하고 쓴 글이 아니라는 뜻입니다. 그러나 '붓 가는 대로'를 빌미로 당대의 지식인이자 문장가인 사대부들이 시대를 꿰뚫는 촌철살인의 뼈있는 제언을 행간에 담아냈습니다.

저의 문학도반인 예당 조병락 사백은 국가의 동량을 배출해 낸 육군사관학교 교수를 역임한 국문학자입니다. 본격적인 문단활동은 은퇴 후 늦게 시작하셨으나 그 열정은 여느 젊은이 못지않은 청년작가이십니다.

학자로서의 경륜을 바탕으로 삶의 내공을 수필문학에 담아 후세들에게, 동시대를 살아가는 우리들에게 부드럽게 들려주고 있습니다. 그러나 거기에는 수필이 갖는 본래의 사회 변혁 의지가 행간에 녹아 있습니다. 독자 여러분, 이 책에서 아름다운 보석을 많이 건지시기 바랍니다.

이 책이 널리 읽히고 그 잔잔한 파문이 우리 사회를 아름답게 수놓는 선순환이 일어나기를 기대합니다. 수필집 상재를 거듭 축하드립니다.

『품격 있는 삶과 문학』만세!

추천사

꾸밈없이 솔직담백한 이야기들

개동(開東) 이시찬
시인. 수필가. 문학평론가. 계간 문학의봄 발행인.
도서출판 문학의봄 대표

우선 예당 조병락 작가님의 수필집『품격 있는 삶과 문학』출판을 진심으로 축하합니다. (이하 존칭 생략)
'나이는 숫자에 불과하다'는 말이 유행한 지도 꽤 오래된 듯하다. 예전에 비해 스스로 건강을 챙기는 문화가 자리 잡고 의학도 발전하다 보니 자연히 평균연령도 높아졌다. 따라서 옛날 같으면 노년으로 분류되었던 세대가 이제는 중년을 자처하고 실제로도 정신적으로나 육체적으로 중년의 삶을 살고 있는 시대이다.
필자가 작가를 처음 만난 것은 몇 년 전 여름 모 시인의 출판기념회가 있던 날이었다. 초면인 데다 상대적으로 작가보다 젊은 층의 문인들이 주류를 이뤘었는데 작가는 겸양을 보이면서도 망설이지 않고 자연스럽게 우리에게 다가왔다.

대화를 이어가다 보니 인연이 되려고 했는지 마침 주소지가 같은 동네였다. 덕분에 자주 만날 수 있었고 도움을 주는 과정에서 문학에 대한 열정이 젊은이 못지않다는 것을 확인할 수 있었다. 그 열정은 그해 가을 공식적으로 수필가의 반열에 오르는 결실로 이어졌다.

열정은 등단으로 멈추지 않았다. 등단은 이제 시작이라는 초심으로 꾸준히 학습하며 창작활동을 해왔으며 작품은 날로 발전되었다.

이번 수필집 『품격 있는 삶과 문학』은 제목 그대로 삶의 품격과 문학의 품격에 대해 평소의 소신을 품격 있게 그려놓았다.

대표작인 '삶의 종착역'은 동기생의 빈소에서 피할 수 없는 운명에 대해 고뇌한다. 인간이면 누구나 할 수 있는 고뇌이다. 그러나 곧 이순신 장군, 한경직 목사, 김수환 추기경, 법정 스님 등이 이를 두려워하지 않고 기꺼이 받아들였던 사실을 되새기며 품격 있는 자신의 훗날을 다짐한다.

육사 교수 시절 훗날 장군이 된 박영일 학생을 가르쳤던 회고담인 '박열 열사 아들 육사 합격담'은 작가가 가졌던 당시의 군인정신과 인간적인 면모를 고스란히 보여주고 있다. 그 정신과 인간적인 면은 지금도 그대로 간직하고 있는 것으로 보인다.

또한 '5월 예찬' 등을 감상하다 보면 자연의 신비를 세심하게 묘사해 놓았을 뿐만 아니라 기념일의 유래와 당시의 역사까지 해석해 놓아 독자들을 더욱 가까이 다가오게 하고 있다.

　작가는 창작에만 머물지 않고 육사를 비롯해 군 출신 작가들과 문학을 공유하기 위해 '화랑대문인회'를 결성하고 이끌어나가고 있다.

　일반적으로 작가 연령대의 사람들은 공원 산책 정도로도 건강하다는 평을 듣는다. 그러나 작가의 창작열과 조직운영, 넘쳐흐르는 건강은 결코 중년들에게 뒤지지 않는다.

　이제 첫 작품집에 불과하다. 앞으로도 현재의 열정으로 임한다면 적지 않은 작품집을 독자들에게 선사할 것으로 확신한다.

　꾸밈없이 솔직담백한 이야기들로 채워진 조병락 작가의 『품격 있는 삶과 문학』을 독자 여러분들께 추천한다.

제1부. 삶

삶은 속도가 아니라 방향이다.

삶은 기도요, 문학은 기도문이다.

지혜로운 사람은 행동으로 말을 증명하고
어리석은 사람은 말로 행위를 변명한다.

세상이 아름다운 건 사랑이 있기 때문이요
삶이 즐거운 건 친구가 있기 때문이다.

인생의 참 멋

꽃에는 벌 나비 모이고
분(糞)에는 파리떼 꼬인다
감악산 정기 품은 국봉산방(國峰山房)에서
네온, 제갈, 모두 버리고
유유자적(悠悠自適), 나무자연(南無自然)하니
찾는 이 없다한들 외롭지 않으리.

미소짖는 각종 꽃들
노래하는 온갖 새들
뛰노는 노루와 산토끼
청정의 약수와 맑은 공기
세월이 빚은 수석들
운치와 낭만의 정원
이들이 진정 나의 벗이로다.

어쩌다
조건없이
찾아준 이 있으니
당신이야말로
인생의 참 멋을 아는
벌 나비가 아니랴.

네온 : 화려한 도시,　　　　제갈 : 부귀(富貴)와 공명(功名),
나무 : 나무아미타불의 나무(南無), 나무자연 : 자연에 안겨 순응한다는 뜻

젊게 보이시네요

　젊어 보인다는 말을 들으면 누구나 기뻐하기 마련입니다. 특히 한국 사람들은 이 말을 들으면 바보같이 좋아한다고 말하는 사람도 있습니다. 나도 가끔 젊게 보인다는 말을 듣곤 하는데 그 때마다 매우 기분이 좋았습니다. 세월을 거스를 수는 없지만 나이보다 젊다는 말은 언제 들어도 싫지 않은 말인 것 같습니다.

　많은 사람들은 현재의 자기 나이보다 젊어 보이기 위해서 각고의 노력을 합니다. 피부관리를 받는다, 다이어트를 한다, 헬스클럽에 간다, 새치나 흰머리에 염색을 한다, 보톡스를 맞고 성형수술을 한다, 대머리를 가리는 모자나 가발을 쓴다, 헤어스타일을 바꾼다, 얼굴의 점이나 검버섯을 제거한다, 심지어 유명하다는 점집을 찾는다 등등의 별짓들을 다하고 있습니다.
　젊어 보이기 위해서는 또 다른 방법이 있다고 합니다. 현대에는 50-60대의 나이에도 40대의 얼굴과 몸매를 가진 사람이 있는가 하면, 20대 초반의 나이에도 40-50대처럼 보이는 사람도 있습니다. 호르몬 명의로 알려진 안철우 교수는 그 비밀이 호르몬에 있다고 주장합니다. 그리고 "인슐린, 성장호르몬, 멜라토닌의 세 가지 호르몬이 무너지면 노화가 시작된다"고 하면서 호르몬 요법을 강조합니다.

한편 젊어 보이기 위해서 어떤 노력도 하지 않고 오히려 노년을 긍정적으로 받아들이는 사람도 있습니다. 대하소설『토지』의 작가 박경리(朴景利)는 "다시 젊어지고 싶지 않다. 모진 세월 가고 아 편안하다. 늙어서 이렇게 편안한 것을, 버리고 갈 것만 남아서 홀가분하다."라고 말했습니다.
그러나 이것은 특이한 예이고 일반적으로 나이가 들면 대부분 예쁘다는 말보다 더 듣기 좋아하는 말이 젊어 보인다는 말이라고 합니다.

나이에 따라서 청장년, 중장년, 시니어, 실버 등의 말이 있습니다. 청장년이란 청년과 장년을 아우르는 단어로 장년이지만 청년처럼 좀 젊어 보인다는 의미가 있습니다. 중장년이란 장년인데 중년 같다는 말이며 중늙은이란 뜻입니다. 시니어(Senior)는 젊은이를 뜻하는 주니어(Junior)의 반대말로 연장자란 뜻이며, 실버(Silver)는 70세 이상의 노인 세대를 지칭하는 말입니다.
신중년층(Active Senior)이란 말은 은퇴 후에도 소비와 여가를 즐기며 사회활동에도 적극적으로 참여하는 노인을 일컫는 말입니다. 이는 미국 시카고 대학의 심리학 교수 버니스 뉴가튼(Bernise Neugarten)이 "오늘의 노인은 어제의 노인과 다르다"며 붙인 신조어(新造語)입니다. 이 세대를 YO세대

(Young Old)라고도 부릅니다.

현대의 장수 시대에는 자기의 나이에 0.7을 곱해야 대충 한 세대 전의 나이 감각과 비슷하다고 합니다. 따라서 지금의 80세는 한 세대 전의 56세 정도라는 것입니다.

나는 기차를 타고 여행을 할 때 내 자신은 비록 나이가 들었음에도 불구하고 옆에 늙은이가 앉아있는 것보다 젊고 아름다운 여자가 있으면 기분이 매우 좋았습니다. 이는 모든 사람들이 남녀 구분 없이 공통적으로 느끼는 인지상정이라 생각합니다.

젊어 보인다는 것은 건강미가 넘친다는 뜻입니다. 기(氣)가 살아 있어서 매사에 적극적이고 의욕이 넘치며 생기발랄하다는 의미입니다. 그러므로 의기소침이나 의욕상실, 우울증과는 거리가 먼 얘기입니다.

지금은 흔히들 100세시대라고 말합니다. 그리고 건강과 얼굴에 투자를 많이 해서 젊어 보이는 것은 당연하다는 것입니다. 그러나 현대인들이 간과해서는 안 될 점은, 젊음이란 외모만 신경쓴다고 오는 것이 아니라는 사실입니다. 성서에 "겉사람은 후패(朽敗)하나, 속사람은 날로 새로워질 수 있다"고 기록되어 있습니다. 겉보기보다 자신의 내면과 사고의 중요성을 더욱 강조한 말입니다.

내면의 젊음에서 매우 중요하지만 우리가 흔히 간과하는 부분이 입속 나이입니다. 겉으로는 20대로 보이는 사람이 입속 나이는 60대가 있다는 것입니다. 잇몸상태나 치아의 단단한 정도와 마모상태를 보고 입속 나이를 측정한다고 합니다.

내면의 건강을 위해서는 긍정적인 성격, 욕심을 내려놓는 일, 남을 배려하고 베푸는 봉사정신, 욕을 하거나 화내지 않는 넓은 도량, 밝은 표정과 친절한 말씨, 웃음과 미소, 치아관리 등을 꼽을 수 있습니다.

〈오우가〉를 지은 고산(孤山) 윤선도(尹善道)가 67세에 전남 완도군 보길도에서 세연정(洗然亭)을 지어놓고 노후를 낭만적으로 즐기며 84세까지 당시로는 장수하였습니다. 그 비결 중 하나가 많이 베풀며 즐겼던 점이라고 합니다.

남에게 도움을 주고 사회와 국가, 세계 평화와 인류 공영에 이바지하는 훌륭한 인물은 존경스럽고 위대해 보이면서 동시에 젊어 보입니다.

반면에 남에게 피해를 입히는 절도, 강도, 사기꾼 등 범죄인들은 험상궂어 보이고 늙어 보입니다.

웃으면 몸에 이로운 엔돌핀이 분비됩니다. 그래서 젊어집니다. 남을 증오하고 짜증이나 화를 내면 몸에 독이 쌓입니다. 그래서 더 빨리 늙습니다.

나이 든 사람은 노인 특유의 냄새가 나지 않도록 자기관리에 유의해야 합니다. 또 자기의 나이나 분수에 맞도록 품위를 지키고 주제 파악을 하는 것도 처신에 매우 중요합니다.

딸이 입어서 어울리는 캐주얼이 자기가 입어도 어울릴 것이라 생각함은 큰 오산입니다. 젊은이들이 입는 찢어진 청바지를 노인이 입고 다닌다면 얼마나 꼴불견일까요?

나의 이 주장에 '요즈음에는 추세가 많이 달라졌다'고 항변할지 모르나 그래도 품위가 없고 보기 싫다는 나의 생각에는 변함이 없습니다.

나는 '젊어 보인다'는 말을 듣고 좋아하지만 한편으로는 이 말에 좋아해야 하는 건지 아니면 이런 말에 기분이 좌우됨을 슬퍼해야 할지 헷갈릴 때가 있습니다. 이는 내 나이가 지긋해 있음이 엄연한 사실이기 때문입니다.

손자가 "할아버지"하고 부르면 귀엽지만 다른 사람이 그렇게 부르면 국민 엠씨 송해처럼 몹시 불쾌하게 생각합니다. 비록 젊게 보이지 않더라도 돈 드는 것도 아니니 빈말이라도 젊어 보인다고 말해줘야 처세상으로도 좋고 원만한 인간관계를 위해서도 좋을 것입니다. "젊게 보이시네요" 이 말! 그 말을 듣고 싫어할 자 있겠습니까?

나이는 숫자에 불과하며 이상을 가지면 영혼이 늙지 않는다는 사무엘 얼만(1840-1920)의 시 〈젊음〉을 소개하면 다음과 같습니다.

젊음(Youth)
사뮤엘 얼만(Samuel Ullman)

젊음은 인생의 한 시기가 아니라 마음의 상태이다
장밋빛 볼과 붉은 입술 유연한 무릎이 아니라
의지와 멋진 상상력과 활기찬 감정의 문제이다
(중략)

젊음은 20세의 몸보다 60세의 인간됨 안에 존재한다
단순히 흘러간 세월로 인하여 늙어가는 사람은 아무도 없다
이상(理想)을 저버림으로써 우리는 늙어가는 것이다

흘러간 세월은 피부의 주름살을 만들지만
열정을 포기하면 영혼의 주름살을 만든다
(중략)

그대와 나의 가슴 한가운데에는 무선국이 있다
그것이 사람들로부터 또는 조물주로부터
아름다움, 희망, 활기, 용기와 힘의 메시지를 수신하는 한,
그대는 영원히 젊으리라
(이하 생략)

위 시는 맥아더 장군이 벽에 걸어놓고 하루에도 여러 번 읽고 암송했다고 전해지고 있습니다. 이 시가 얼만이 80세 생일을 기념하여 출판한 시집에 실렸다는 점을 감안하면, 그는 분명 나이를 잊고 늘 푸르게 살았으리라 짐작됩니다.

(종합 문예지 〈계간문예〉 2019년 봄호(55호)에 수록)

나야 나

요즈음 젊은이들 중에 '나야 나'(Pick Me)라는 노래가 유행하고 있다. 이 노래는 엠넷의 서바이벌 리얼리티 프로그램(프로듀스 101 시즌 2)의 참가자들, 즉 강 다니엘, 옹성우, 강동호, 황민현, 이대휘, 하성운, 이지한, 박우담, 이기원, 유회승, 최동하, 김성리, 박지훈 등이 2017년 3월 9일부터 떼창으로 부른 댄스곡이다.

이밖에도 가수 남진을 비롯해서 이장희, 강진, 진성, 문주란, 김용희 등 십여 명의 가수들이 '나야 나'라는 같은 제목의 노래를 불렀지만 그 가사와 곡은 각각 다르다.

이렇게 '나야 나'라는 제목의 노래들이 많은 것은 '참된 자아'(True Self)가 심오한 철학적 의미를 내포하고 있음을 시사한다고 볼 수 있다. 여기에 착안하여 이 글을 썼다.

'나야 나'는 어두워 잘 보이지 않거나 오랜만에 만난 사람이 자기를 알아보지 못할 때 쓰는 말이다. 또 한잔 먹고 현재의 나는 비록 뜻대로 풀리지 않았지만 앞으로 잘될 수 있을 것이라는 희망과 결의를 다짐하는 표현이다.

원래 이 말은 성경에서 유래한다. 하나님이 모세에게 "네 민족을 구하라."고 명하니 모세가 당신의 이름이 무엇이냐고 물었을 때, 하느님의 대답이 "나는 나다(I am that I am)"라고 대답했다고 한다.

따라서 아무나 '나야 나'라고 말해서는 안 되며 참 자아의 경지에 도달한 사람에 한해서 이 말을 쓸 수 있다. 어떤 이는 '나는 나다'(I am who I am)라고 문패에 써서 붙여놓았는데 하느님의 'That' 대신 'Who'를 썼다고 했다.

'나'란 말은 대등한 관계에 있는 사람이나 아랫사람을 상대하여 자기를 가리키는 일인칭 대명사이다. 여기에 조사 '가'가 붙으면 '내'가 된다.

연장자나 상급자에게 자기를 가리킬 때에는 '저' 또는 '제'라고 표현한다.

'나'의 철학적 의미는 "대상의 세계와 구별된 개인의 작용, 반응, 체험, 사고, 감정, 의지, 의욕 따위에 대한 인식의 주관자로서 이러한 여러 작용을 수반하며 통일하고 행위 하는 주체"라고 정의되고 있다.

미국의 미시건대학교 사회학과 교수였던 챨스 호튼 쿨리(C. H. Cooley, 1864-1929)박사의 '거울자아 이론'(Looking Glass self)에 따르면 '나'는 세 가지 경로로 만들어진다고 주장한다. 그것은 '내가 보는 나', '남이 보는 나', '남이 보는 나를 보는 나'이다. 여기서 세 번째 경로는 남들이 나를 어떻게 보든 관계없이 '다른 사람들은 나를 이렇게 보고 있을 것이다.'라는 생각이 자기의 자아형성에 영향을 미친다는 것이다.

긍정적이고 보다 온전한 나로 거듭나고 싶다면 내적 동기나 가치관 등 내면의 성숙함을 기름과 동시에 그러한 나 자신이 외부적으로도 유능해 보일 수 있도록 사교, 화술, 대외적 역량, 예의범절 등을 길러야 안팎으로 균형 잡힌 진짜 나를 만날 수 있다고 강조하였다.

"너 자신을 알라", 이 말은 고대 그리스 델포이의 아폴론 신전 현관 기둥에 새겨져 있었다. 그런데 이것을 보고 소크라테스 등 여러 현자들이 각각 자기 나름의 철학 이론으로 색깔을 달리하여 주장한 말이다.

영국의 철학자 데이비드 흄(David Hume, 1711-1776)은 이 말을 듣고 "어느 날 나는 나 자신을 알려고 노력했다. 나는 눈을 감고 나의 내면으로 들어갔다. 거기엔 몇 가지 생각과 욕망, 추억, 꿈, 상상 등 이러저러한 것이 있었다. 하지만 그런 것들 외에 거기엔 아무 것도 없었다. 나는 나 자신을 발견하지 못했다."고 솔직히 고백했다.

흄처럼 지적인 철학자도 너 자신을 알라는 말의 핵심을 간파하지 못했다는 점을 감안하면 몇 분의 성인을 제외하고는 이것이 거의 모든 사람에 대한 진솔한 표현이 아닌가 생각된다.

'참된 자아'란 무엇인가? 기독교에서는 성령에 의거 구원을 받음으로써 십자가를 통해서 예수가 자기의 주인이라는 것을 깨달았을 때에 참 자아를 찾게 된다고 한다.

불교에서 참 자아는 삼독(三毒 ; 貪慾, 震怒, 癡行)에 따른 육바라밀(六波羅蜜)을 엄격히 수행하여 '참 나'를 찾고 색즉시공(色卽是空), 공즉시생(空卽是生)의 원리를 터득하여 세상의 윤회(輪廻)를 벗어나 해탈(解脫)의 경지에 드는 것이라고 한다.

'참된 자아'의 구비조건이 있다. 자기를 속이지 말아야 한다. 외적 표준과 기대와는 무관하게 자신만의 내적 기준과 신념에 기초하여 삶을 살아야 한다. 또 자기의 삶이 독창적이어야 한다. 마지막으로 자아 성찰이 필요하다. 자아성찰이란 자신의 내면을 살피고 반성하는 행위를 의미한다.

"자기를 속이지 말라", 이 준엄한 명령은 백범(白凡) 김구(金九) 선생이 평생 간직한 좌우명이었으며, 퇴계(退溪) 이황(李滉) 선생이 늘 가슴에 품고 있던 명언이기도 하다. 성철(性徹) 스님도 이를 강조했다. 겸하여 사람은 원래 순금인데 욕심이 마음의 눈을 가려 순금을 잡철로 착각하고 있다면서 순금인 자기를 바로 보아야 한다고 하였다. 자기를 바로 보지 못하는 사람은 거울을 들여다보고 울면서 거울 속의 사람이 웃지 않는다고 성내는 사람과 같으며, 몸을 구부리고 서서 그 그림자를 보고 바로 서지 않았다고 욕하는 사람과 같다는 것이다.

자기 자신을 속이지 말라는 말은 원래 〈대학〉(大學) 장구(章句) 전(傳) 6장 성의(誠意) 편에서 유래한다.

"이른바 그 뜻을 정성되게 한다는 것은 스스로를 속이지 않는 것이니, 나쁜 냄새를 싫어함과 같으며, 좋은 빛깔을 좋아함과 같은 것이다."(所謂誠其意者 毋自欺也 如惡惡臭 如好好色)

독일의 유명한 극작가요, 노벨문학상 수상자인 게르하르트 하우프트만(Gerhart Hauptmann, 1862-1946)은 "매일을 인생의 최초의 날처럼, 최후의 날처럼 그렇게 살 것이다. 그래야만 내가 나 될 수 있다."고 말했다.
이 말은 자기의 인생을 최고 수준의 성실과 정열과 감격을 가지고 살겠다는 다짐이며 우리 모두가 본받아야 할 진지한 인생의 자세라고 생각한다.

인생에서 가장 중요한 것은 자기 자신을 아는 일이다. 동시에 자기를 바로 보고 자기를 속이지 않는 일이다. 자기를 바로 보지 않는 삶은 결국 자기를 속이게 됨으로써 자기가 존재하지 않는 삶이라 할 수 있다.
내 삶에서 일어나는 모든 일은 남 때문에 일어나는 것이 아니라 나 자신에 의해서 일어나는 것이다. 비가 온 후에 꽃잎이 떨어졌다면 비 때문에 떨어진 것이 아니라 꽃이 질 때가 되어서 떨어진 것이다. 그런데 낙화의 원인을 비로 보는 이유는 내가 나를 속이기 때문이다.

　자기를 알고 자기를 속이지 않으려면 모든 욕망과 사심을 내려놓고 마음을 비워야 한다. 남을 배려하고 베풀어야 한다. 양보하고 겸손해야 한다. 품격 있는 삶을 살아야 한다.

　"나야 나", 이렇게 자신 있게 자기를 표출할 수 있는 나, 나다운 참된 내가 되기 위한 전제조건은 내 입장에서의 내가 아니라 상대방 입장에서의 나여야 한다. 나를 필요로 하는 사람 중심의 나여야 한다. 내 가족과 사회, 국민과 인류을 위한 나여야 한다.

나의 실수담

엉뚱한 행동을 하는 사람을 가리켜 "저 사람 귀신에 홀린 거 아니야?"라고 말한다. 나도 귀신에 홀린 것처럼 나답지 않은 실수를 한 때가 있었다.

나는 공직에만 있었기 때문에 주식에는 문외한이다. 그런 나에게 주식을 사면 자기들처럼 재미를 볼 수 있다고 부추기는 사람이 가끔 있었다.

그러나 나는 이런 유혹들을 모두 일축했다. 평생 복권을 사 본 일이 한 번도 없는 나였다.

그런데 포항제철과 광양제철을 방문한 일이 있었다. 그 때 회사 홍보 담당자의 설명을 들으면서 세계 제일의 철 생산 규모와 기술력에 감동했다. 그래서 포스코 주식을 샀다. 당시에는 재테크에는 관심이 없었고 그냥 포스코를 사랑하는 순수한 마음이었다.

주식을 살 때에는 주당 삼십만 원대였는데, 세월이 흐름에 따라 칠십만 원대까지 올랐다. 그때 처분했더니 예상 밖의 횡재를 했다.

나중에 생각해보니 이것이 화근이었다. 주식에 재미를 본 나에게 주식을 해도 증권사의 전문가에게 자문을 받으면 안전하다고 부추기는 사람들이 있었다. 그 조언에 솔깃했다. 그래서 내 발로 증권사에 찾아갔다. 전문가라는 사람을 만나서 주식 구매에 대한 자문을 구했다.

그 사람이 이런 저런 이유를 열거하며 자신 있게 "이 주식을 사면 재미를 볼 수 있다"고 권했다. 그 주식이 바로 상업은행주였다.

나는 부푼 희망을 품고 내 기준으로는 꽤 많은 돈을 투자해서 주식을 샀다. 그 주식은 기대했던 만큼 오르지 않고 소폭 등락이 이어졌다. 인내심을 가지고 몇 년을 쭉 기다리고 있었다.

그런데 상업은행이 없어지면서 그 주식이 휴지가 되어버렸다. 참으로 어이가 없었다. 본전이라도 건질 걸 후회한들 이미 때는 늦었다. 일확천금의 부푼 꿈은 물거품이 되고 말았다. 그 때야 말로 귀신에 홀린 기분이었다. 정말 나답지 않은 실수를 한 셈이다.

'주식은 무릎 근처에 사서 목 부분에서 팔아라.'

이는 너무 욕심을 내지 말라는 말이다. 또 여유가 있는 돈만 가지고 주식을 사라. 그래야 실패 시 큰 타격을 받지 않는다. 이런 좋은 말들은 이론이고 실제는 그렇게 되지 않는다.

내 실패담을 친구들에게 이야기했더니 나보다 더 심대한 실패의 예가 허다함을 듣게 되었다.

한 예로 어떤 친구는 나처럼 주식에 재미를 봄으로써 욕심이 생겼다. 있는 돈 다 털고 처가와 일가친척의 돈까지 끌어다 투자했다가 속된 말로 쫄딱 망했다. 돈만 잃은 게 아니라 화병으로 몸까지 망가졌음은 물론이다. 쓰러져 사선까지 헤매다가 천신만고 끝에 회생되었다. 그 후 신학대학을 졸업하고 목사가 되었다는 것이다.

이런 이야기를 들었을 때 이에 비하면 나는 오히려 다행이라 위로하며 등골이 오싹함을 느꼈다.

정신을 차리고 보니 증권 전문가의 말이 모두 맞는다면 그 자들은 모두가 재벌이 되어 있어야 마땅할 것이라는 생각이 들었다. 누구의 탓이 아니라 모든 문제는 자기가 판단하고 스스로가 책임을 져야 한다는 것을 절실히 깨달았다.

나 같이 고지식하고 세상 물정을 잘 모르는 사람은 일확천금의 허황된 꿈은 버려야 한다. 그 대신 정당한 노력을 해서 그에 상응하는 대가를 얻어야 한다. 이것이 나에 맞는 재산 형성의 지름길이요, 정의(正義)의 길이라는 값진 교훈을 얻었다.

막국수의 추억

 1960년대 중후반, 내가 2년간의 수색중대장 임기를 마치고 진급예정자로서 연대 작전주임으로 근무할 때였다. 연대장을 수행하여 예하부대와 훈련장, 또는 작전지역을 순시하고 다닐 때가 빈번했다.

 연대장은 그 때마다 예하부대에 폐를 끼치지 않겠다며 운전병 포함, 3인이 막국수로 점심을 때웠다. 그는 고향이 이북이라 그런지 항상 막국수만을 즐겼다. 그리고 단골집도 오직 막국수만 파는 식당이었다.

 나는 어려서부터 국수류를 몹시 싫어했다. 그래서 수행할 때마다 점심시간만 되면 고역이 이만저만이 아니었다. 처음에는 먹지도 않고 젓가락으로 국수발만 뒤적거리고 있는 내 모습을 목격하고 "왜 젊은 사람이 탐스럽게 먹지 않고 그런가?"하고 말했다. 나는 민망해서 "예 잘 먹겠습니다."라고 우렁찬 대답과 함께 맛있게 먹는 것처럼 보이도록 속도를 내어 먹었다. 그러나 내심 그 고통은 이루 말할 수가 없었다.

 그런데 이게 웬 일일까? 매번 계속 먹다보니 그 때만해도 젊어서 그런지 시장이 반찬이란 말처럼 소화도 잘되었으며 속도 편하고 맛도 그럭저럭 먹을 만할 정도로 입맛이 바뀌어져갔다. 식성도 변한다는 것을 체험한 셈이다. 지금은 한 술 더 떠서 막국수 애호가로 변신하였다.

　메밀가루를 면으로 뽑아 삶으면 금방 불어터진다. 그래서 막(금방) 만들어 막(곧바로) 먹어야 하므로 막국수라는 이름이 생겼다고 한다.

　막국수는 원래 강원도의 향토음식이었다. 강원도는 산간지대로 메밀의 생육조건이 알맞아 수확량도 많고 질도 양호하여 맛이 타 지역보다 좋다고 한다. 이효석의 작품 〈메밀꽃 필 무렵〉도 강원도 봉평이 그 무대이다.

　강원도 중에서도 춘천막국수가 하나의 고유명사처럼 유명해졌다. 춘천막국수의 유래는 구한말 의병 봉기에서 유래됐다고 한다. 명성황후 시해사건 후 춘천에서 의암(毅菴) 유인석(柳麟錫) 선생을 필두로 의병들이 많이 일어났다. 일본의 탄압이 거세지면서 의병 가족들은 몸을 피해 산으로 들어가서 화전을 일궈 척박한 땅에도 비교적 잘 자라는 메밀을 심어서 연명하게 되었다. 광복 후 이 사람들이 춘천으로 나와서 생계수단으로 막국수집을 운영하게 된 것이 춘천 막국수집의 시초라고 한다. 그러나 지금은 타 지역 어느 곳에서나 자유롭게 먹을 수 있는 대중화된 음식이 되었다.

　막국수는 만들 때 무엇을 첨가하느냐에 따라서 또한 육수의 맛에 따라서 식당마다 각 지방마다 맛과 모양이 매우 다양하다. 그리고 냉면처럼 물막국수와 비빔막국수가 있다. 일식(日食)에서도 '소바'라는 이름의 메밀국수가 있다.

밀에는 글루텐이란 성분이 있어서 반죽할 때 쫀득하고 찰지지만 메밀에는 그것이 없어서 흐물흐물하다. 그 대신 메밀에는 다당류를 가수분해하는 '아밀레이스'와 소화를 촉진시키는 '말타아제'라는 효소가 함유되어 있어서 소화도 잘되고 속을 편하게 해준다.

메밀은 찬 음식에 속한다. 그래서 여름 음식으로 제격이다. 나 같은 소양인에게는 궁합이 잘 맞는다.

우리나라에서 막국수로 이름난 맛집으로는 춘천 샘밭막국수, 홍천 시골장터, 옥길동 메밀향, 흥업 동해막국수, 부산 주문진막국수, 삼교리 동치미막국수, 부여 장원막국수, 고성 백촌막국수, 속초 까막골막국수, 강릉 동해막국수, 삼척 부일막국수, 수지막국수, 신봉동 현대믹국수, 중미산막국수 등을 꼽을 수 있다.

그런데 내가 먹어본 막국수 중 가장 맛있었다고 기억되는 곳은 신탄리 막국수집이다. 신탄리는 연천과 대광리를 지나 그 당시에는 경원선 철길이 끊기는 마지막 역이 있는 민통선 지역이었다. 그런데 그 위로 백마고지역이 2012년 개통되어 지금은 최북단 역의 지위가 상실되었다.

이 집의 막국수는 육수도 일품이거니와 특히 꿩고기를 다져서 큰 밤알 크기로 새알심처럼 둥글게 뭉쳐서 만든 것을 푸짐하게 넣어주기 때문에 그 맛은 타의 추종을 불허하였다.

너무 멀어서 막국수 한 그릇을 먹기 위해서 그곳까지 갈 수는 없지만, 다행히 지금 내가 사는 곳에도 상호가 〈춘천골닭갈비〉집이 있는데 주 메뉴는 닭갈비지만 이곳의 비빔막국수도 내 입맛에 잘 맞는다. 여름에는 이 집에 비교적 자주 가는 편인데 내가 가서 앉아 있으면 주문을 하지 않았는데도 자동으로 그 맛있는 비빔막국수가 나왔다.

　식초와 겨자를 넣고 여기에 먹기 싫어서 고생했던 때와, 나중에 내가 연대장으로 근무할 때에는 수행원은 물론 운전병까지 식성에 대한 정보를 미리 입수했다가 각자 취향대로 먹을 수 있는 식당으로 안내하였던 일 등의 옛 추억도 같이 넣어서 비벼먹으니 더욱 오묘한 맛을 느낄 수가 있었다. 또한 야릇한 상념들이 주마등처럼 스쳐 지나갔다.

비운의 고려인들

러시아 블라디보스토크에서 북서쪽으로 112km 지점, 차로 가니 약 두 시간 거리에 우수리스크라는 인구 20만 명 정도의 작은 도시가 있었다. 우수리스크는 러시아 말로 '늪지대'란 뜻이다.

여기는 옛 발해의 땅 연해주 지역이다. 연해주는 우리 조상들이 가난을 극복하기 위하여 두만강을 건너가서 황무지를 개척했던 곳이다. 또한 일제 강점기 나라 밖 항일 독립운동의 중심지였다.

이 곳은 일제의 강압에 의하여 을사조약이 체결되자 망명하여 독립운동을 이끈 이상설(李相卨) 우국지사의 유허비(遺墟碑)가 있는 곳이다. 또 항일 투쟁의 지도자로 추앙받고 있었던 최재형(崔在衡) 선생이 활동하다가 일본군에 체포되어 희생된 곳이다. 최재형 선생은 사업에 성공하여 독립운동 자금도 많이 지원하였으며, 의병도 길렀던 애국지사다.

나는 일행과 함께 이상설 선생의 유허비에 가서 내 구령에 맞춰 일동이 묵념을 하였다. 부근에 낮은 언덕 옆으로 수이푼 강이 흐르고 있었다. 날씨가 매우 청명하여 시야에 드넓은 벌판이 멀리까지 펼쳐졌다. 우리들은 언덕에 올라가 이 벌판을 향해 "야호!"를 연호했다.

우수리스크에 있는 〈고려인문화센터〉도 가보았다. 이 곳의 역사관에 전시되어 있는 자료들을 보고서 고려인들의 연해주 이주와 독립운동에 관하여 많은 것을 알게 되었다. 그리고 이런 곳을 마련하느라 물심양면으로 수고한 분들에게 고마운 마음이 들었다.

우수리스크에서 블라디보스토크로 가는 길에 라즈돌노예역(Razdolnoye Station)을 지나가게 되었다. 이 역은 고려인들의 집성촌인 신한촌(新韓村)의 고려인들을 중앙아시아로 강제 이주시킬 때, 이 곳에 집결시켜서 출발시켰던 악명 높은 역이다. 지금은 조용하고 초라하지만, 그 당시 당했던 고려인들을 생각하며 울분과 함께 만감이 교차했다

신한촌은 처음에는 '신개척리'라고 불렀는데 새로운 한인촌이라는 뜻으로 '신한촌'이라 고쳐 부르게 되었다. 이 곳은 발전을 거듭하여 반세기가 지나서는 고려인들의 수가 20만 명에 육박했으며 그들이 차지하고 있었던 면적이 여의도의 세 배가 넘었다고 한다.

'신한촌 기념비'를 연해주 한인문화재단 단장이며 고려문화협회 회장인 리 베체 슬라브씨가 사재를 들여 블라디보스토크에 세웠다. 그는 땅도 사고 기념비도 사람 키만 한 높이의 화강암 사각 기둥 3개를 제작하여 세웠으며 1999년 광복절에 개막식을 거행했다. 인구수대로 중앙에 있는 가장 긴 기둥은 한

국, 좌측은 북한, 우측은 해외동포를 상징한다고 한다.
 그런데 가이드는 이 기념비를 한국 학자들이 세웠다고 설명하였으며, 어떤 글에는 한민족연구소에서 세웠다고 씌어 있으나, 이는 모두 착오로 생각된다. 한민족연구소에서는 그 기념비 바로 옆 우측에 4각형의 검정색 돌에 한글과 이를 번역한 러시아어를 새긴 나지막한 기념탑을 추가로 세웠다. 이 기념탑에 새겨진 글은 다음과 같다.

 "인류의 최고 가치는 자주와 독립이다. 이를 수호하기 위한 투쟁은 민족적 성전이며, 청사에 빛난다. 신한촌은 그 성전의 요람으로 선렬들의 얼과 넋이 깃들고 한민족의 피와 땀이 서려있는 곳이다.(중략) 그러나 한민족은 1937년 불행하게도 중앙아시아에 흩어지게 되고 신한촌은 폐허가 되었다." (이하 생략)

 위 탑은 러시아 당국이 글을 쓰지 못하게 하여 부산에서 새겨서 가져갔다고 한다. 스탈린의 명에 의거 강제로 추방당한 내용도 빼고 두루뭉술하게 표현한 것은 불가피했겠지만 그래도 사실대로 씌어 있지 않아 못내 아쉬웠다. 또 신한촌은 폐허가 된 것이 아니라 러시아인들이 사는 아파트단지와 시가지로 변했다.
 신한촌의 존재와 고려인들의 강제이주 사실이 흔적도 없이 역사의 뒤안길로 사라질 뻔하였는데 초라하지만 이 비를 세웠기 때문에 이런 뼈아픈 추억의 역사를 알 수 있게 되었다.

나는 이 비를 보면서 이것이라도 있으니 무척 다행한 일이라 생각했다. 그런데 리씨가 옆에 거처까지 마련하여 지키며 관광객들에게 해설을 하다가 병고로 나오지 못하게 되자 울타리가 파손되고 주위의 오물이 쌓이는 등 관리가 소홀한 것을 보고 매우 안타까운 마음이 들었다.

블라디보스토크 시내를 관광하는 중에 어느 건물의 정문 앞을 걸어서 지나가는데 그 앞에서 보도블럭을 깔고 있는 인부 다섯 명을 보았다. 이들은 자기들끼리 한국말로 대화하고 있었다. 의아해서 가이드에게 물으니 북한에서 온 노동자라고 한다. 30대들인데 고된 노동과 영양실조로 몹시 초췌(憔悴)하고 측은하게 보였다. 이들을 보면서 중앙아시아 동토로 추방당해 모진 고생을 하였던 고려인들이 연상되었다.

현재 중앙아시아 각지에 흩어져서 살고 있는 55만명의 고려인들은 우리 민족이다. 그리고 연해주에서 독립운동을 도왔던 애국자들이다. 이 비운(悲運)의 고려인들에게 이스라엘에서 시행한 민족귀환프로그램을 모델로 하여 우리의 저출산 및 인구감소에 대처하는 일을 추진할 것을 제안한다.

(사)한국수필가협회 발행 〈한국수필〉 2018년 11월호에 수록)

볼 수 있는 축복

　나는 볼 수 있다는 것에 대하여 그 동안 별로 대수롭지 않게 생각했다. 그런데 헬렌 켈러가 쓴 수필 〈사흘만 볼 수 있다면〉을 읽고서 비로소 볼 수 있다는 것이 얼마나 소중한 축복인지 새삼스럽게 느낄 수 있었다.
　다이제스트지(紙)가 앞에 예시한 수필을 20세기 최고의 작품으로 선정했다. 한 세기라면 100년간의 기간을 말한다. 이 기간에 지구상 242개 국가의 70억 인구가 생산해 낸 수필은 수십억 개가 넘을 텐데 그 중에서 최고의 수필로 선정되었다니 도대체 얼마나 잘 쓴 글일까? 나는 호기심을 가지게 되었고 어렵게 입수하여 읽었다. 역시 감동적으로 참 잘 쓴 명작이었다.
　이 수필에서 헬렌 켈러가 장시간 숲속을 산책하고 돌아온 친구에게 무엇을 보았느냐고 물었을 때 "별로 본 것이 없다"고 대답하자 "왜 본 것이 없다고 하는지 이해할 수 없다"고 했다. 그러면서 그의 심정을 섬세하게 표현한 대목이라든지, 박물관에서 역사적 유물들을 가상으로 보았다고 생각하며 자세하고도 전문적인 지식을 과시하며 묘사한 글솜씨는 일품이었다.

자기는 시각장애인이기 때문에 잘 볼 수 있는 사람들에게 시력을 잘 사용할 수 있는 방법을 알려주겠다고 하며 "내일 갑자기 시각장애인이 될 사람처럼 여러분의 눈을 사용 하십시오."라고 충고한다.

그는 시력을 잃어봐야 볼 수 있다는 것이 얼마나 소중한지 알 수 있다고 강조하며 "단언하건대 모든 감각 중에서도 시각이야말로 가장 즐거운 축복입니다." 라고 글의 끝을 맺었다.

2017년 11월 8일 KBS 아침마당에서 〈도전 꿈의 무대〉에 출연한 다섯 명 중에서 두 번째로 나온 오아라(47세)씨의 사연을 듣고 감동을 받았다. 그녀는 처음부터 시각장애인이 아니었다. 왼쪽 눈이 희미하게 윤곽만 보일 뿐 오른쪽 눈은 아무렇지 않았다. 그런데 30세 때에 어느 날 갑자기 오른쪽 눈의 시력이 점점 감소하여 결국 볼 수 없게 된다는 의사의 말을 듣고 사형선고를 받은 것처럼 하늘이 무너지는 충격을 받았다. 그리하여 세 번이나 자살을 시도했다며 울먹이는 장면을 보게 되었을 때 나는 시력의 중요성에 대해 많은 것을 생각했다. 보지 못하고 사느니 차라리 죽겠다는 심정도 이해할 수가 있었다.

앞을 못보는 사람에 대한 호칭이 소경, 장님, 맹인, 봉사 등 왜 이렇게 여러 가지로 다르게 부르는지 모르겠다. 심청전에 나오는 심봉사를 보면 옛날에는 봉사라고 부른 모양이다.

태어날 때부터 실명하는 경우도 있지만 잘 볼 수 있다가 사고로 눈에 치명타를 당해서 그렇게 되기도 한다. 눈에 병이 걸려서 고생하다가 낫는 경우도 있고 아예 영구적으로 실명하는 경우도 있다. 잘 보다가 못 보게 되었을 때 심적 타격이 더 클 것으로 생각한다.

눈의 이상에는 사시(斜視), 약시(弱視), 노안(老眼)도 있다. 늙으면 눈의 기능이 저하되기 마련이며 백내장 또는 녹내장에 걸릴 수도 있다.

눈병은 수영장에 가서 옮는 경우도 있고 꽃가루나 황사 기타 이물질이 들어가서 생기는 경우도 있다. 안과 의사들이 말하는 눈병의 종류는 매우 다양하고 많다. 안과 질환을 전부 열거하면 각막염, 결막염, 다래끼 등 40여종에 달한다. 눈은 이렇게 많은 병에 걸릴 개연성이 있다는 사실에 유념해야 하겠다.

근시나 원시 또는 난시로 안경을 써야 제대로 볼 수 있는 사람도 있다. 요새 청소년들은 게임에 중독되어 컴퓨터나 핸드폰을 장시간 사용함으로써 안경을 착용하는 경우가 많으며 이런 청소년들이 부쩍 늘고 있음은 매우 안타까운 일이다.

색안경을 쓰는 사람도 많다. 자외선으로부터 눈을 보호하기 위해서, 무대에 섰을 때 관중들에게 주눅 들지 않으려고, 우쭐대며 갑질을 하기 위하여, 시각장애인임을 감추려고, 변장하기 위해, 또는 멋 내려고 선글라스를 낀다.

'본다는 것'은 철학적으로 여러 가지 복잡한 의미가 있다. 그

관심도 철학자마다 매우 다양하다. 현대 철학자 바르겐슈타인은 '보다'라는 표현의 어법에 관심을 기울였다. 데카르트는 사물을 보는 주체의 발견에 주안을 두었다. 플라톤은 보이는 것 뒤에 있는 존재 그 자체의 해명에 집착했다.

미술 비평가이자 소설가인 존 버거는 시각의 구조를 새로운 각도에서 조명한 『본다는 것의 의미』라는 책을 저술했다. 우리나라에서도 철학자이자 예술평론가인 김남시의 저서 『본다는 것』이 있다. 영국의 BBC 방송에서는 '본다는 것'을 주제로 특집 방송을 한 바도 있다.

본다는 것은 세 가지의 다른 뜻이 내포되어 있다. '본다(見)'는, 견해 즉 자기 식으로 본다는 것을 의미한다. '본다(視)'는 시각 즉 어느 한 차원에서 본다는 것을 말한다. '본다(觀)'는 주관을 가지고 중심에서 본다는 뜻이다.

우리말에서 본다는 표현은 매우 다양하다. 째려본다, 흘겨본다, 노려본다, 넘본다, 깔본다, 주시한다, 응시한다, 훔쳐 본다 등의 표현이 있다. 이밖에도 뚫어지게 본다, 빤히 쳐다본다, 말똥말똥 쳐다본다, 거슴츠레하게 본다 등의 여러 표현이 있다. 아마 더 많이 있을 것이다.

본다는 것은 엄청난 축복이지만 보는 것도 품격 있게 잘 보아야 하며 처신을 잘 해야 한다. 어느 아파트에서 20대의 주민이 70대의 관리인을 폭행하여 말썽이 생긴 보도를 본 일이 있다. 지나가면서 째려보았다고 시비가 붙었다는 것이다.

 혼례를 치룬 후 첫날밤의 신방(新房)을 동네 사람들이나 일가 친척들이 손가락에 침을 발라 창호문을 뚫고 훔쳐보는 것은 전래되는 하나의 풍속이라 할 수 있다.

 그러나 각종 시험을 치룰 때 남의 시험지를 훔쳐보다가 감독관에게 적발되는 경우는 안타까운 일이다. 몰래카메라로 여성의 치마 밑을 촬영하여 유포한다던지 여성 목욕탕을 몰래 훔쳐본다는 것은 법에 저촉된다.

 그러나 디엠지(DMZ)에서 철책 근무를 하고 있는 초병들은 졸지 말고 적의 침투를 응시하고 주시해야 함은 물론이다.

 눈은 보는 것 외에 또 다른 기능이 있다. 눈으로 희노애락의 감정을 표현한다. 가까운 사람끼리는 눈만 보면 상대방이 무슨 말을 할 것인지, 무슨 생각을 하고 있는지 구태여 말을 하지 않아도 짐작할 수 있다.

 눈은 마음의 창이라고 한다. 이목구비 중 눈이 가장 소중하며, 눈을 보면 마음을 읽을 수 있다는 뜻이다. 순진 무구의 대명사로 어린이나 소녀의 맑은 눈동자를 거론하기도 한다.

 윙크(wink)는 한쪽 눈을 깜박이는 표정의 일종으로 비언어 대화에 속한다. 윙크는 성적인 호감을 나타내는데 사용하기도 한다. 이는 눈의 보는 기능과는 거리가 멀다.

 눈웃음을 친다는 말은 남의 마음을 끌려고 소리 없이 눈으로 웃는다는 뜻이다. 속된 말로 꼬득이려고 꼬리치는 눈의 모습이다. 이 또한 눈의 보는 기능과는 무관하다. 소설에서도 "애란이는 철수한테 눈웃음치다가 철수 부인으로부터 뒤통수를 얻어맞았다"라고 표현한 문장을 볼 수 있다.

'몸이 천 냥이라면 눈은 구백 냥이다.'라고 함은 눈이 몸의 다른 어느 부위보다 중요하다는 것을 강조한 말이다. 내가 만약 아무 것도 볼 수 없다면 얼마나 답답하고 불편할까 생각만 하여도 끔찍한 일이다. 따라서 볼 수 있다는 것은 엄청난 축복임을 새롭게 인식하고 감사한 마음을 가져야 한다,
화려한 꽃, 푸른 숲과 산, 곱게 물든 단풍, 순백의 멋진 설경, 이런 계절별 자연의 아름다움과 세계적으로 이름난 관광명소들, 또 사랑하는 가족과 친지들을 볼 수 있다는 것은 얼마나 행복한 축복인가!

우리는 눈의 소중함을 명심하고 생애 주기별 안과 검진을 받는 등 눈 관리에 각별히 유의해야 한다. 또한 보는 데 있어서도 째려보거나, 깔보거나, 훔쳐보는 등의 지탄을 받을만한 행위는 삼가고 품위 있게, 다정하게, 인자하게, 미소 띤 표정으로 보아야 하겠다.

반지하방의 삶

  반지하방이란 건축물에서 절반쯤이 지면 아래에 있는 방을 말한다. 우리나라에서 반지하방은 가난한 서민의 상징이라 할 수 있다. 집을 얻을 돈이 부족하여 할 수 없이 싸구려 전셋집을 구하다 보니 주거환경이 열악한 반지하방에서 살 수 밖에 없기 때문이다.

  나는 군에서 근무하는 동안 그 직책의 임기가 끝나거나 진급함에 따라서 전·후방 각 부대로, 계급에 상응한 각종 필수 군사학교로, 월남 참전부대 등으로 전출을 많이 다녔다. 아들딸 초등학교 6년 동안 네 번을 전학시켜야 했다. 얼마나 이사를 많이 다녔는지 짐작할 수 있을 것이다. 독신장교숙소(BOQ), 군인 아파트, 관사에서 기거하기도 했다. 그러나 때로는 초가집 단칸방이나 반지하방에서 어렵게 살기도 했다.

  소설가 김애란의 단편 '도도한 생활'에서 만두가게를 하는 어머니가 딸에게 피아노를 사줬다. 이를 놓은 반지하 자취방에 빗물이 종아리까지 들어찼다는 표현이 있다. 황학주 시인이 쓴 〈방학동〉이란 제목의 시는 도봉구 방학동의 반지하방에서 생활하는 고달픈 삶을 묘사했다. 나는 이런 작품들을 읽기만 하고도 반지하방의 삶이 어떤지를 간접적으로 경험할 수 있었다.

반지하방은 햇볕이 잘 들지 않는다. 벽의 일부가 지반과 접해있다. 그래서 습기가 많고 결루와 곰팡이가 심한 편이다. 바퀴벌레가 득실거린다. 천정이 낮아 불편하기 짝이 없다. 심지어 어떤 분의 경험담에 의하면 천정에서 밥상에 쥐가 떨어지는 불상사도 있었다고 한다.

땅 바로 위에 있는 창문 유리에 개구리가 붙어서 눈을 껌벅이고 있는 때가 있다. 도둑고양이들이 노려보면서 지나다닌다. 폭우 땐 창틀로 빗물이 폭포처럼 쏟아져 들어가기도 한다.

반지하방에 습기가 많은 이유는 땅 속에서 올라오는 지하수와 땅 위에서 스며드는 물기 때문이다. 이에 대한 대처 방법으로는 집수정 설비, 실내 바닥의 방수, 습기 차단제로 시공 등이 있다. 그런데 이렇게 방을 잘 고쳐주는 집주인이 거의 없다는데 세입자들의 고충이 있다고 할 수 있다.

영화 〈기생충〉에서 사업 실패로 망한 아버지 기택(송광호 역) 가족은 반지하방에서 살았다. 이들이 사는 안방의 창문이 대로변에 있었다. 그래서 빛은 들어올지 모르지만 왕래하는 사람들의 시선을 피할 수는 없다. 그렇다면 차라리 빛을 포기하는 편이 더 나을 것이라 생각되었다.

기택의 방처럼 반지하방에서는 변기가 가급적 높이 있다.

반지하방의 고질적 문제들 중 하나인 변기 안의 오물 역류의 불상사를 막기 위해서다. 이런 높은 변기에 어린애나 노약자는 물론 한잔 마시고 오르기란 여간 어려운 일이 아닐 수 없다. 우리나라 반지하방은 여러 면에서 매우 고달픈 삶의 대명사다.

그러나 세계 여러 곳의 산악 지형이나 추운 지방에서 북풍을 피해 땅을 파서 집을 지어 살고 있는데, 도시 건축의 역사를 보면 반지하방이 친환경적이고 발전적인 건축 양식이란다.
현대에 와서는 에코하우스(Ecohouse)라 불리는 단열과 냉난방에 유리한 반지하 집들을 짓고 있다. 에코하우스란 '친환경주택'이라고도 부른다.
우리나라에서도 이에 관심이 많은 추세로 여러 곳에서 에코하우스를 볼 수 있다. 시청역 5번 출구 앞에 서울시에서 마련한 에코하우스 전시장이 있다.
나는 과테말라의 아티틀란 호수가 내려다보이는 울창한 숲에 있는 〈라구나 로지〉 호텔을 보고 감명을 받았다. 이 호텔은 흙벽돌로 지었다. 지붕은 야자수 잎을 사용했다. 벽난로는 돌로 만들었다. 전기는 태양광을 이용하고 있다. 빗물을 받아 모든 음용수로 사용한다. 호텔 종업원은 모두가 그 지역 원주민들이다. 한적한 시골 벽촌이 이 호텔 건설로 세계적인 관광 명소가 되었다. 건축비와 유지비가 적게 들면서도 쾌적하고 편리함에 감탄을 금치 못했다.

우리나라의 모든 반지하방도 법을 제정해서라도 의무적으로 서민들이 유지비가 적게 들고 살기에도 불편함이 없도록 에코하우스로 재건축했으면 좋겠다.

(사)한국수필가협회에서 발간하는 〈한국수필〉 2019년 11월호에 수록)

아찔했던 순간들

누구나 자기의 삶에서 죽을 뻔 했던 순간들이 있었을 것이다. 나 역시 80평생 살면서 그런 일이 많이 있었으며, 특히 지금도 잊지 못할 아찔했던 악몽의 순간들이 여러 번 있었다.

내가 일곱 살 때의 늦은 봄이었다. 오전 10시쯤, 바람 한 점 없이 햇볕이 따뜻한 화창한 날씨였다. 아버님께서 5일장이 열리는 곳에 같이 가자고 하셨다. 당시에는 교통수단이 없을 때이므로 4Km 정도를 걸어서 가는 중이었다.
한참을 졸래졸래 따라가다가 보니 옆에 큰 호수가 나타났다. 물가 야생화에 예쁜 잠자리가 앉아 있었다. 이를 잡으려고 다가갔는데 그만 내가 밟은 흙이 무너지면서 물에 빠지고 말았다. 수영도 전혀 할 줄 모르는 상태에서 허우적거리며 물을 먹고 익사 직전에 마침 언덕에 있는 질긴 풀이 잡혀서 이를 잡고 천신만고 끝에 기어 나왔다. 만약 언덕의 반대쪽으로 허우적거렸으면 익사했을 것임은 두말할 필요도 없다. 이를 생각하면 지금도 등골이 오싹하다. 이때 아버지께서는 이런 사실을 전혀 모르시고 그냥 걷고만 계셨다.

육사를 졸업하고 전남 광주 상무대 육군보병학교에서 초등군사반 과정의 교육을 받고 있을 때의 일이다.

상무대에서 야외훈련을 하기 위해 군용 지엠씨를 타고 담양 쪽으로 이동 중이었다. 양쪽에 서로 마주보며 앉아서 갔다. 나는 뭐가 그리 잘났다고 맨 앞에 서서 바람을 맞으며 시골의 경치를 구경하면서 가고 있었다. 그런데 위에 옆으로 가로질러 넓은 대로가 있었고 그 밑으로 콘크리트 구조물로 된 터널 같이 생긴 길이 있었는데, 그 길로 갑자기 차가 들어갔다. 이때 나는 재빨리 몸을 구부려 앉으며 간신히 피했다. 만약 일초만 늦었더라면 내 머리가 콘크리트 벽에 부딪혀서 박살이 나고 말았을 것이다. 정말 아찔한 순간이었다.

내가 소대장으로 근무하다가 갑자기 비무장지대 지피(GP)장으로 투입된 것은 기막힌 사연이 있었기 때문이다.

겨울 밤 달은 없지만 하얀 눈이 뒤덮여 있어서 약간은 어슴츠레 비치는 고요한 밤이었다. 적이 지피 둘레의 울타리 쪽으로 접근해 옴을 감지한 초병이 놀라서 총을 쏘기 시작하였다. 이때 뺑 둘러서 경계하고 있었던 초병들도 덩달아 총을 쏘았다. 안에 있는 전화당번 및 상황근무자와 지피장도 놀라서 모두 뛰쳐나와 자기들끼리 서로 쏘아 죽이는 꼴이 되고 말았다. 결국은 지피장을 포함해서 지피병력 모두가 처참하게 희생되었다. 하사 한명이 중상을 당한 채 피를 흘리며 기어서 전화기 있는 곳까지 간신히 가서 이 사실을 보고함으로써 중대와 상급부대에서 알게 되었다.

지피 울타리로 접근한 것은 적이 아니라 산양이었다. 먹을 것을 찾아서 접근하는 것을 적으로 오인한 헤프닝이었다.

이곳 지피장으로 갑자기 보직명령을 받게 되었다. 그러니 근무하는 매 순간 순간이 긴장의 연속이었다. 지피장 근무 내내 '일일이 여삼추'란 말을 실감하게 되었다. 그때의 긴장감과 마음 고생이야말로 죽을 뻔했던 순간의 연속이라 생각했다.

내가 백마고지 밑에서 수색중대장 근무를 할 때의 일이다. 디엠지(DMZ) 내에서 공병이 장애물 설치 작업을 하는데 우리 소대가 나가서 경계 근무를 하고 있었다. 소대장이 있지만 위험지역이고 임무의 중요성을 고려해서 중대장이 직접 지휘를 하고 있었다. 하루는 사단에서 작전회의가 있다고 호출해서 갔다가 회의를 마치고 빨리 돌아와 현장으로 들어갔다. 가서 보니 아무도 없었다. 무전을 해서 알아본 결과 중대장 부재로 불안해서 소대장이 모든 작업을 중지하고 전부 철수시켰다는 것이다.

그날 밤 철책선에 침투하는 간첩을 3명이나 사살하는 전과가 있었다. 그런데 그들의 소지품 중에 수첩이 있었다. 여기에 "저것들을 짓뭉개버렸으면 참 좋겠다마는 큰일을 하기 위해서 꾹 참자"라고 적혀 있었다. 전날 숲속에 숨어서 철책선을 뚫기 위해 은신하고 있던 중 내가 지프차에 경계병과 무전병만을 대동하고 철책선 안으로 들어온 것을 목격하고 쓴 내용이다. 내가 확인하지 않고 디엠지 내로 불쑥 들어간 것이 잘못이었다. 또한 철책선 초소에서 들어가지 못하도록 제지하지 않고 철문을 열어준 것도 잘못이었다. 간첩의 수첩 내용을 보고 하마터면 죽을 뻔했구나 하는 자책과 함께 등골이 오싹했다.

내가 연대 작전주임으로 근무할 때였다.
연대 작전지역 내 철책선 부근에 장애물을 설치할 장소를 물색하기 위해 연대장과 함께 무전병과 경계병을 대동하고 가서 정찰하고 돌아왔다. 사단 공병중대가 그곳에 장애물을 설치하도록 임무가 주어졌다. 사단 공병 중대장도 경계병과 무전병을 대동하고 작업할 장소를 정찰하러 갔다. 그런데 연대장과 내가 무사히 다녀온 그 곳에서 미확인 지뢰가 폭발하여 공병중대장 김정연 대위가 현장에서 희생되고 말았다. 고 김 대위는 나와 육사 16기 동기생이다.

70대 때 집 근처 동네 병원에서 건강검진을 하는데 원장이 혈액 항원검사를 한번 해보라고 권했다. 무언지는 모르지만 그렇게 하라고 하였다. 그런데 PSA가 4 이하라야 정상인데 나는 6,3이 나왔으니 조직검사를 하라고 하여 그렇게 하였다. 항문을 통해 6군데의 전립선 살점을 떼어내 조직검사를 한 결과 한 곳에서 악성종양이 나왔다. 그리하여 서울아산병원에서 수술하여 완쾌되었다. 친구 중 두 명이나 늦게 발견해서 결국 생명을 잃고 말았던 사례에 비춰볼 때 조기에 발견하여 완치되었으니 천만다행이다. 동네 병원장이 내 생명의 은 인인 셈이다.

또 그로부터 5년이 지난 후 건강검진 때 변 검사에서 혈흔이 있으니 정밀 검사를 해보라고 하여 서울 방배동에 있는 〈대항병원〉에서 70평생 처음으로 대장내시경 검사를 했다.

용종이 여덟 개나 있어서 모두 제거하여 조직검사 결과 맨 끝에 있는 용종에서 악성종양을 발견했다. 담당 의사가 〈연기암〉이라 쉽게 완치되었다고 하며 "어떻게 대장내시경 검사를 할 생각을 하였느냐"고 물었다. 조기에 발견했으니 천만다행이라는 뜻이다. 대장암으로 떠난 친구도 몇 명 있어서 조기발견이 천운이라 생각하며 등골이 오싹했다.

80대 중반인 현 시점에서 살만큼 살고 돌이켜보니 죽고 사는 문제는 백지 한 장 차이 밖에 안 되는 것 같다는 생각이 든다. 나는 일곱 살 때 죽었을 수도 있었다. 20대 때 소위로서, 중위와 대위 때, 소령 때, 그 외에도 언제든지 죽었을 수도 있었다. 전시가 아니지만 평시에도 도처에 죽음은 도사리고 있었다.

인명은 재천이라고 하는데 내가 지금까지 살아있는 것을 보면 행운이란 게 있는 것도 같다. 그러나 매사에 각별히 조심하는 지혜도 필요하리라 생각된다. 삶은 속도가 아니라 방향이기 때문이다.

고목의 열매

봄이 오면 꽃들이 만발하고 새들이 노래한다. 고목(古木)에도 꽃이 피고 그 꽃이 열매를 맺는다.

인간은 봄을 청춘에 비유한다. 그렇다면 나이가 지긋한 사람은 꽃이 피는 봄과는 거리가 멀다는 말인가?

독일의 철학자 쇼펜하우어는 "인생의 봄은 마음먹기에 달려있다."고 말했다. 나이 든 사람도 마음먹기에 따라서는 청춘과 같이 봄을 구가할 수 있다는 뜻이다. 노인에게는 감로수와 같은 구원의 메시지가 아닐 수 없다.

길상용 시인은 '석양이 더 아름다운 것은'이란 제목의 시에서 "석양이 더 아름다운 것은 혼신의 힘을 다해 자신의 모든 것을 다 태웠기 때문이다."라고 읊었다.

인터넷을 검색해보니 카페와 블로그에 석양을 예찬한 작자 미상의 동일한 시가 중복해서 기재되어 있었다. 참고삼아 이를 소개하면 다음과 같다.

석양이 더 아름답다
작자 미상

누가 황혼이/ 인생의 끝이라고 했나/ 뜨거운 가슴이 아직도 끓고 있고/ 못 다 이룬 사랑/ 그리움 되어 가슴 여린데

누가 노을이 인생의 종점이라고 했나/ 아직도 저녁에 부는 바람이/ 마음 설레이게 하고/ 밤하늘 초승달 그 미소가 / 내 가슴 뜨겁게 달구고 있는데

누가 해넘이 모습이/ 인생의 정점과 같다고 했나/ 아직도 별빛 쏟아지는 밤 하늘/ 낭만을 즐기고 있고/ 거칠어지는 숨소리/ 가슴을 뜨겁게 달구고 있는데

누가 황혼을 수평선 너머로/ 작아지는 돛단배라 했나/ 아직도 고동소리 우렁찬 가슴이/ 펄펄 끓고 있는데/ 힘들고 어렵게 걸어온 길만큼/ 갈길도 아직 많이 남았는데

누가 황혼을 눈물 흘리며/ 바라보는 네 모습이라고 했나/ 찬란한 삶을 활화산처럼 뿌리며/ 떠오른 나도 아름답지만/ 삶의 끈을 한아름 품고 쓴 웃음 지으며/ 산 넘는 네가 더 아름답다.

위의 시는 나이가 지긋한 사람을 황혼에 비유하여 석양이 더 아름답다는 점을 잘 묘사했다.

육사 생도회관 1층 벽에 한글과 한문 서예 작품 몇 점이 걸

려 있었다. 그 중 한글 서예 작품 중에 "곱게 물든 단풍은 봄에 핀 꽃보다 아름답다."라고 씌어 있어서 이를 눈여겨보았다. 나이가 들었다는 징표이리라.

몇 년 전 터키 관광 시에 경험한 일이다. 100년 넘은 고목에서 채취한 올리브유는 용기부터가 달랐다. 일반 올리브 유병보다 용량은 적지만 예술작품처럼 고급스러웠다. 그리고 그 값은 훨씬 고가였다. 사람에게 유익한 성분들이 다른 것보다 더 많이 함유되어 있기 때문이라는 것이다. 우리 일행들은 누구나 그 100년 넘은 고가의 올리브유를 구매했다.

김형석(金亨錫) 연세대 명예교수는 97세인데도 현재 방송, 강연, 집필 활동을 꾸준히 계속하고 있어 '영원한 현역'이라는 칭호를 얻고 있다.
96세 때 TV에 출연하여 "98세까지는 지금처럼 계속 활동하고 98세 말에 배우자를 물색하여 구한 후 여생을 즐겁게 보낼 계획이다."라고 하시는 말씀을 듣고 감탄을 금치 못했다.
미국의 시인 롱펠로우(H. W. longfellow)는 첫 번째 부인이 오랜 투병 끝에 외롭게 숨졌다. 두 번째 부인은 화재로 비참하게 세상을 떠났다. 이런 상황에서도 그의 시는 여전히 아름다웠다.
임종을 앞둔 롱펠로에게 한 기자가 물었다. "숱한 역경과 고난을 겪으면서도 당신의 작품에는 진한 인생의 향기가 담겨 있습니다. 그 비결이 무엇입니까?" 롱펠로우는 마당의 사과나무를 가리키며 "저 나무가 나의 스승이었소. 저 나무는 매우 늙었소. 그러나 해마다 단맛을 내는 사과가 주렁주렁 열리오. 그것은 늙은 나뭇가지에서 새순이 돋고 꽃이 피기 때문이오."라고 답변했다.

롱펠로우는 늙은 사과나무에서도 새순이 돋고, 꽃이 피며, 탐스러운 사과가 열리는 모습을 보고 긍정적인 에너지를 얻음으로써 고난의 역정임에도 불구하고 아름다운 시, 인생의 향기가 담겨 있는 시를 썼던 것이다.

나이가 많은 사람도 마음먹기에 따라서는 인생의 봄을 누릴 수가 있다. 100세 시대의 현대인들에게는 더욱 그렇다고 생각한다. 고목도 꽃을 피우고 그 꽃에서 고매한 인격, 해맑은 지혜, 완숙한 경륜 등이 응축(凝縮)된 아름답고 탐스러운 열매를 맺을 수 있다. 그 열매가 황혼에 찬연히 빛나는 아름다운 모습을 볼 수 있다는 것은 참으로 값진 행운이 아닐 수 없다.

건강 단상

 이 세상 모든 것 중에서 가장 가치 있고 귀중하고 중요한 것은 건강이라는 점에 대하여 또한 이것을 잃으면 전부를 잃는다는 사실에 관하여 이의를 제기하는 사람은 아무도 없을 것이다.
 독일의 유명한 철학자 쇼펜하우어는 "건강한 거지가 병든 황제보다 더 행복하다"고 말했는데 이는 건강의 중요성을 잘 표현하였다고 생각한다. 어느 모임에서나 건배를 제의할 때의 주제가 한결같이 "건강을 위하여" 라고 함은 이를 입증한다고 볼 수 있다.

 그렇다면 건강, 너는 누구냐?

건강은 자기 자신의 문제이다.

 부모가 자식의 아픔을 또는 자식이 부모의 죽음을 대신할 수 없는 것처럼 건강은 오직 자신의 고유 영역이다. 건강을 논할 때는 이를 필히 전제해야한다.

건강은 선천적인 영향이 크다.

"강골로 혹은 병약자로 태어났다."라고 함은 이를 단적으로 예시하는 말이다. 부모의 병력이 자녀에게 영향을 미친다는 것은 의학적으로 입증된 사실이다.

그러나 아무리 선천적인 문제라 할지라도 자기로서 어쩔 수 없는 하나의 운명이라고 체념할 수만은 없다. 일란성쌍둥이라 할지라도 세월이 지나 성장함에 따라 건강 정도나 생애의 길이가 다르다.

강골로 태어났어도 건강에 소홀하면 몸이 망가지기 마련이며 약골이라도 건강을 위해 노력한다면 건강해질 수 있다.

건강은 자신의 의지와 노력과 능력의 소산이다.

이 부분이 건강에 가장 핵심적인 요소라 할 수 있다. 몸에 좋은 레몬밤, 사차인치, 노니 등의 건강식품도 선택의 안목과 구입 의지 및 비용에 따른 경제력이 뒷받침되어야 가능할 것이다. 발 펌프운동이 몸에 좋다는 것을 인지하고 꾸준히 실천하는 것이나 나이가 들수록 근육의 중요성을 인식하고 이를 기르는데 노력하는 것 역시 자기 몫이다. 목운동, 종아리마사지, 금연, 절주, 건강검진을 통한 조기발견, 긍정적 사고, 늘 웃고 즐거운 마음을 갖는 것이 좋다는 것을 인지하고 실천하는 것도 자신의 의지와 노력과 능력이라 할 수 있다.

몸의 어혈을 제거하라.

　어혈(瘀血)이란 '죽은 피' 또는 '피떡'을 말한다. 우리의 몸에는 어혈이 쌓이기 마련이다. 오염된 공기나 음식물 속에 함유된 중금속이나 화학물질의 섭취는 피를 오염시키고 어혈을 만든다. 농약, 진통제가 인체에 이로운 미생물과 백혈구까지도 모두 함께 죽여 어혈을 만든다. 몸에 들어온 세균이 항생제 등에 의하여 죽게 되면 시체가 되어 떠돌다가 서로 뒤엉켜서 모세혈관을 막는 어혈이 된다.
　특히 스트레스는 많은 어혈을 발생하게 한다. 스트레스를 받으면 혈관을 수축시켜 모세혈관을 간신히 통과하던 혼탁한 피를 멈추게 한다. 멈춘 피는 또 다른 피를 연쇄적으로 멈추게 하고 피가 멈춘 상태로 시간이 지나면 다시 흐르기가 어렵고 영원한 어혈로 머물게 된다. 스트레스를 오랫동안 받으면 팍팍 늙어버리는 이유도 이 때문이다.
　피 속의 요독(尿毒)과 같은 불순물과 노폐물을 걸러내는 신장(腎臟) 즉 콩팥과 해독 작용을 하는 간의 기능이 떨어지면 빠른 속도로 피가 오염되고 찌꺼기가 누적되어 모세혈관을 막아버린다. 그 결과로 수백 가지의 무서운 합병증이 생긴다. 통풍(痛風)도 요독이 체내에 남아서 돌아다니며 악영향을 미치기 때문에 발생하는 병이다.
　흡연은 니코틴으로 인해 기관지와 폐를 오염시켜 암을 유발하기도 하고 혈관에 침투하여 혈액을 오염시킨다. 암이 발생하는 원인도 혈액순환이 원활하지 못하기 때문이다. 또 흡연은 연기와 니코틴이 폐 속의 모세혈관을 자극하여 산소공급을 방해함으로써 어혈 발생을 더욱 촉진한다.

 벌레, 벌, 독사 등에 물리거나 퍼렇게 멍이 들면 이때에도 많은 어혈이 발생한다. 멍들거나 부은 자리가 시간이 지나면서 풀린다는 것은 그 곳에 형성된 나쁜 피나 독성분들이 몸 안의 다른 곳으로 이동했을 뿐이다. 신장과 간장이 이들의 일부는 제거하지만 대부분 몸속에 어혈로 쌓이게 된다.

 쇠고기의 지방은 조리 시 열을 가하면 녹아서 혈관까지 흡수되지만 소의 기름은 체온에 녹지 않기 때문에 우리의 몸속이나 혈관 내에서 쉽게 굳어 혈관을 막아버리므로 이로 인해서 갖가지 치명적인 병이 발생한다. 따라서 쇠고기 기름은 독약이라 할 수 있다. "쇠고기는 사줘도 먹지 말며, 돼지고기는 사주면 먹고 오리고기는 안사주면 자기 돈으로라도 사서 먹으라"라는 말을 새겨들어야 하겠다.

 우리가 호흡할 때 산소를 들이마신다는데 근원적으로 어혈 발생의 원인이 된다. 산소를 호흡하여야 생존이 가능하지만 쓰고 남은 산소는 몸속의 다른 원소들과 결합하여 마치 철분과 결합하여 녹이 슬듯이 어혈 생성의 주범도 된다.

 요컨대 우리 몸은 많은 어혈이 쌓여 혈관이 막힘으로써 고혈압, 당뇨, 아토피, 관절염, 통풍, 심근경색, 뇌경색, 뇌졸중, 뇌출혈, 중풍, 암 등의 각종 질병들이 발생하게 된다.

 그런데 의사나 한의사는 이러한 치명적인 질병의 원인이 되는 어혈을 제거하지 못한다. 오직 자연정혈요법만이 우리 몸속에 쌓여 있는 어혈을 뽑아내어 건강과 젊음을 되찾게 해준다. 따라서 건강을 위해서는 자연정혈요법에 주목할 필요가 있다.

참고로 내 친구가 치매 중증에 걸려 병원에서도 못 고치고 집으로 돌려보내 속수무책으로 갈 날만 기다리고 있었다. 그런데 최후 방편으로 자연정혈요법 1급 자격사에게 맡겼더니 머리에 간처럼 검게 굳어있는 어혈을 2년간 34컵이나 뽑아냄으로써 완치되었다. 지금은 80대 중반이 50대로 젊게 보일 정도로 건강해진 것을 목격하였다.

골고루 먹어라

우리가 먹는 음식물은 대부분 탄수화물, 단백질, 지방 등 3대 영양소이다. 이를 장작에 비유한다면, 비타민, 미네랄, 섬유소, 효소 등은 불쏘시개에 해당된다. 그런데 우리는 대부분이 불쏘시개가 결핍되어 장작에 불이 제대로 붙지 않아 원활히 소화 시키지 못하는 불균형 식사를 하고 있다.

백미 대신 현미가 좋다고 해도, 압력밥솥으로 섭씨 100도 이상 열을 가하면 현미로서의 기능이 상실된다. 그래서 모 회사 제품의 '균형생식환'을 복용함으로써 불균형을 극복할 수 있다고 한다.

또 소식(小食)을 하고 꼭꼭 씹어 먹어야 한다. 탄수화물은 위액으로는 소화가 안 되고 침에 의해서만 소화가 되기 때문에 탄수화물을 대충 삼키면 위에서 부패된다고 한다. 따라서 같은 음식이라도 꼭꼭 씹어 먹으면 보약이요 잘 씹지 않고 대충 넘기면 독약임을 명심해야 하겠다.

좋은 물을 많이 마셔라

　물은 생명의 근원으로서 생로병사를 결정한다. 물은 인체의 약 70%를 차지하고 있다. 물은 인체에 어떠한 부작용도 일으키지 않고 몸 곳곳을 통과한다. 마신 지 불과 30초 후 혈액에 도달한다. 1분 후에는 뇌 조직에, 10분 후에는 피부에, 20분 후에는 심장, 신장, 간 등 내장에 도달한다. 30분 안에는 인체의 모든 곳에 도달한다.
　인체의 모든 생체 반응은 물을 통해서 일어난다. 그러므로 마시는 물을 무시하고 건강하게 오래 살기를 원하는 것은 어리석은 일이다.
　신뢰할만한 정보로는 한우물정수기(1588-4804)로 정수한 '약 알카리수'가 건강에 가장 좋다고 한다.(황종국 판사 저 『의사가 못 고치는 환자는 어떻게 하나?』, 김현원 연세대 생화학 교수의 저서 『내 몸에 가장 좋은 물』참조)
　약 알카리수에 〈루르드포터블수소수기〉(1661-4690)로 수소를 주입해서 만들어진 물을 마시면 금상첨화라 할 수 있다.
　암세포는 활성산소가 유전자에 상처를 주기 때문에 발생한다. 동맥경화, 고혈압, 당뇨병도 활성산소가 원인이라고 한다. 수소수를 마시면 이런 병들을 예방 및 치유할 수 있다.

온도 면에서 가장 좋은 물은 '따뜻한 물(38ㅇC 내외)'이다. 찬물이나 뜨거운 물을 음용해서는 안 된다. 법정스님은 공기 좋고 물 맑으며 산자수려한 암자에서 고매한 인품으로 '맑고 향기롭게 살기운동'을 펼치셨던 분이니 당연히 120세 이상 장수하실 분이다. 그런데 78세(1932.10.8.-2010.3.11.)로 입적하셨다. 그 이유는 수십 년 간 새벽 기상 즉시 냉수를 한 대접씩 벌컥 벌컥 마셨기 때문이라 생각한다.

냉수는 체온을 떨어뜨린다. 체온이 1도 떨어질 때마다 면역력은 30%, 기초 대사력은 12%씩 떨어진다. 냉수는 체내 산화를 일으켜 노화를 촉진한다. 암세포는 저체온 상황에서 활성화되고 고체온에서는 얼씬도 못한다. 병이 나서 몸이 불덩이가 되는 이유는 몸이 스스로 체온을 높여 병균을 죽이거나 퇴치하여 살고자 하는 생명의 작용이다.

몸이 따뜻해지면 몸속의 지방 비축 제어로 비만을 억제한다. 건강을 위해서는 식수를 냉장고에서 빼내라. 빨리 가고 싶으면 냉수를 마셔라. 또 물은 식전 식후 1시간 간격을 두고 마셔야 한다. 소화액을 희석시켜 소화불량이 되기 때문이다.

취침 전과 기상 후 따뜻하고 좋은 물을 한 컵씩 마시면 눈이 좋아지며 수면장애가 예방되고 피부가 좋아져 동안이 된다. 피로회복 및 심근경색과 뇌경색 예방, 다리 경련방지, 장운동 원활로 변비예방 등의 효과가 있다.

물을 끓여 사용 후 남은 물은 재탕해서 재사용하면 절대로 안 된다. 독성분이 발생하여 몸에 해롭기 때문이다.

좋은 친구를 많이 사귀라.

미국인 7천명을 대상으로 9년간의 추적 조사 결과, 장수와 단명의 결정적 요인은 놀랍게도 건강에 좋다는 그 어떤 것도 아닌 '친구의 수'였다고 한다.

친구의 수가 적을수록 쉽게 병에 걸리고 일찍 죽는 사람이 많았다. 반면에 인생의 희노애락을 함께 나눌 수 있는 친구가 많고 그 친구들과 보내는 시간이 많을수록 스트레스가 줄어들고 더 긴강한 삶을 유지할 수 있었다.

따라서 친구들의 모임에는 만사 제치고 참석해야 하며 동기생들의 오찬 모임이나 친목회 또는 동우회 활동에 참여하는 것은 그 어떤 보약보다도 더욱 값지다는 점을 유념해야 하겠다.

이상의 건강에 관한 내용을 요약하면 건강은 자신만의 고유영역이다. 선천적인 면까지도 자기 자신의 문제요 자신의 능력 문제이며 건강에 대한 관심과 의지와 노력의 문제이다. 자연정혈요법에 의하여 어혈을 제거하라. '균형생식환'을 복용하는 등 골고루 먹어라. 한우물정수기에서 나오는 약 알카리수와 여기에 루르드포터블수소수기에 의한 수소수를 첨가하여 따뜻하고 좋은 물을 많이 마셔라. 특히 친구가 건강과 행복의 중요한 변수다.

(육군대학 37차 동기회 총회(2011. 12. 23. 육군회관 태극실)에서 회장 인사말 시 연설한 내용이며, 육사 총동창회 회지 〈화랑대〉 제69호에 수록)

현대적 의미의 히어로

히어로(hero)의 의미는 시대에 의해서 좌우된다. 컬린 윌슨도 말했듯이, 히어로란 "그가 살고 있는 시대가 필요로 하는 능력을 구체화해주고 있는 인간"이기 때문이다. 이제 와서 새삼 세인트 헬레나에 유배된 히어로의 복위를 꿈꿀 수는 없는 일이다.

그럼 현대적 의미의 히어로는 과연 어떠한 인물인가? 이에 관한 구구한 설명이 필요 없게 되었다. 산 증인이 나타났기 때문이다. 드디어 현대적 의미의 히어로가 나타난 것이다. 윌슨 씨여, 소멸된 히어로(The Vanishing Hero)라 노하지 말라. 그대가 찾는 히어로를 보여주리라.

히로이즘(Heroism)이란 단순한 육체적 용기나 신념과는 다른 것이다. 현대 영화의 반역적인 영상을 시각화해 준 제임스 딘은 150Km로 질주하는 자동차에 몸을 맡긴 채 불귀의 객이 되었다. 그러나 고 강재구 소령의 산화야말로 제임스 딘의 죽음과 같을 수 없다. 빵 굽는 포크 하나만으로 악어들 틈으로 뛰어드는 사람이 있다할지라도 우리들은 그를 가리켜 히어로라고 말하지 않는다. 통 속에 들어가 나이아가라 폭포와 함께 떨어지는 사람이 있다 해도 히어로라고는 생각지 않을 것이다. 히로이즘이란 단순한 용기가 아니라, 방향 지워진 용기인 것이다.

과연 고 강 소령은 단순한 용기가 아니라 방향 지워진 용기의 실천자였다. 현대적 의미의 히어로였다. 지금 이 시각에도 네온 불빛 휘황한 빌딩 속에서는, 어슴프레한 윤곽만 들어내는 조명 속에서 재즈와 육체가 난무하고 있다. 불안과 부조리와 반항과 단절에 휩싸인 현대인들, 방향감각을 상실한 현대인들은 순간적인 쾌락을 향해서 몸부림치고 있다. 아니면 안일한 생활을 위하여, 보다 푹신한 침대를 위하여, 보다 멋진 주택이나 자동차를 위하여 기계의 부속품처럼 뜻 없이 분망하고 있다.

그러나 강소령은 이러한 타인지향(Other Direction)의 군중들로부터 치솟았다. "진리란 주체성이다"라고 한 키에르케골의 말을 잘 알고 실천했다. 내면의 불꽃을 가지고 있었다. 이 내면의 불꽃이 외계의 사악한 모든 것을 불태웠다. 어두운 외계에 광명을 던졌다. 그는 남의 시선을 두려워하거나, 남의 이야기에 신경을 쓰는 사람이 아니라, 자기가 원하고 있는 생에, 그 환희에 묵묵히 접근해 갈 줄 아는 인간이었다. 이른바 내면지향(Inner Direction)의 인간이었다.

그러나 윌슨이 지적한 내면지향과는 그 차원이 다름을 발견해야 하겠다. 윌슨의 그것은 어디까지나 자기 긍정자, 즉 개인이라는 것이 문제시되고 있지만 강 소령은 자기를 부정했다. 자기를 희생했다. "온 천하를 얻고도 목숨을 잃으면 무엇이 유익하리오."라고 했거늘, 이렇게 온 천하를 주고도 바꿀 수 없는 생명을 자의에 의하여 버린 그 숭고한 희생정신!

그에게는 사랑하는 처와 귀여운 아들이 있었다. 육사를 졸업한 젊은 사관으로서의 청운의 포부가 있었다. 그러나 이러한 모든 것을 자의로 버린 것이다. 구차하게 생을 영위하기 위하여 파리한 불 밑에서 야위어가는 군상들에 비해 볼 때, 그 얼마나 대조적인가. 그는 과연 죽음에 의미와 의의와 가치를 부여한 것이다. "굵고 짧게 살자." 이는 그가 항상 평소에 주장했던 말이다. 이는 그의 굽힐 수 없는 신념이요, 사생관이었다. 과연 그는 굵게 살다가 짧게 갔다.

사랑하는 남편과 아버지를, 하나의 유능한 지휘관을, 미래의 유위한 지도자를 잃었다는 것은 참으로 슬픈 일이다.

우리에겐 슬픈 일도 많다. 안톤 슈낙의 "우리를 슬프게 하는 것들"을 구태여 볼 필요가 없다. 붉은 색깔의 따발총이 스쳐간 이 땅에는, 아직도 허리가 잘린 채 적과 대치하고 있는 우리에게는 너무나도 슬픈 일들이 많다. 그러나 이에서 더 슬픈 일이 어디 또 있으랴. 이 애석한 마음 어이 표현해야 좋을지 정말 언어의 빈곤을 느끼지 않을 수 없다.

그러나 유족들이여, 너무 애석해 하지 말라. 오히려 마음껏 찬양하라. 칠년 대한(大旱)에 단비를 만난 듯이 기뻐 찬미하라. 그는 아주 간 것이 아니다. 그는 자기를 버려 자기를 완성한 것이다. 방향 지어진 용기의 실천자가 된 것이다. 현대적 의미의 진정한 히어로로 승화한 것이다.

그의 이 고결한 희생정신, 이 투철한 군인정신이야말로 우리 동기, 우리 동창, 우리 국군, 그리고 온 겨레에 길이 빛날 것이다.

현대적 의미의 히어로에게 삼가 명복을 기원하오니 고이 영면(永眠)하소서.

    (내가 쓴 고 강재구(姜在求) 소령의 추도문으로서, 육사 총동창회 회지인 〈아사달〉의 권두언(사설)으로 실었다.(아사달 제22호, 1965. 10. 25.)
    또 강재구 소령의 전기인 〈별빛은 산하에 가득히〉에 전재(全載)된 글이다.(pp. 268-272)
    이 전기의 저자인 선우휘(鮮于煇) 선생이 필자에게 이 글을 자기 저서에 싣는데 양해를 구했다.
    그리고 다음과 같은 찬사를 전기에 수록하였다.
    "속된 비유를 용서한다면 명화'벤허'의 찰튼 헤스튼의 명연기를 더욱 감명깊게 한 미크로스 롯자의 음악 효과 같은 느낌이 드는 감동어린 글이라 하겠다.")

삶의 종착역

얼마 전 고인이 된 동기생의 빈소(殯所)에 가서 문상을 하였다. 종합병원 장례식장에서 초상을 치르니 시설도 좋았고 참 편리하다고 느꼈다. 종합병원 영안실, 층마다, 그 많은 방마다, 빈 방은 하나도 없이 빈소로 채워져 있었다. 또한 조화(弔花)들, 유족들, 문상객들로 가득 가득 차 있어서 안내를 받고도 내가 가고자 하는 빈소를 찾는데 애를 먹었다.

이렇게 많은 죽음들 앞에 서고 보니, 젊었을 때와는 또 다른 여러 가지 상념들이 주마등처럼 스쳐 지나갔다. 따라서 이 시점에서 죽음에 대하여 한 번쯤 생각해 보는 것도 결코 무의미한 일은 아닐 것이다.

문상객들과 함께 애도(哀悼)의 술 한 잔씩 마시며 대화를 나눴다. 고인이 80세에 가셨음으로 옛날 같으면 호상(好喪)이라 할 수 있겠으나 100세 시대인 지금은 좀 더 오래 살았더라면 좋았을 것이라고 아쉬움을 토로하는 사람들이 있었다. 또 병고 없이 바로 운명하였음으로 복 받은 죽음이라 평하는 사람들도 있었다.

인간이면 누구나 죽음이 나이에 관계없이, 언제 자기 앞에

닥칠 지 모른다. 특히 나이가 지긋한 사람들에게 있어서 죽음은 남의 문제가 아니라 바로 자기의 문제이며 내일의 문제가 아니라 바로 오늘의 문제이다.

꼭 전쟁이 발발하거나 테러를 당해야만 죽음에 직면하는 것은 아니다. 죽음의 위험은 항상 우리들의 주위에 도사리고 있어서 교통사고나 심장발작으로 갑자기 죽을 수도 있고 전염병으로 죽기도 한다. 이런 일이 당신에게도 또 내게도 일어날 수 있다는 것은 엄연한 사실이다.

삶의 종착역, 그 누가 피할 수 있으랴! 그러므로 이제 우리 모두는 마음을 비우며 부귀와 영화는 일장춘몽이라 여기고 겸허하게 죽음을 맞이할 마음의 준비를 할 수밖에 없다. 다만 병고 없이 어느 날 갑자기 갈 수 있기를 바랄 뿐이다.

일반적으로 예고된 죽음의 과정을 보면 시한부 선고가 내려졌을 때 충격과 부인에 휩싸인다. '왜 내가 죽어야 하나?' 라는 반응을 보이며 분노하게 된다. 그리고 서서히 분노를 포기하고 타협을 하게 된다. 회복 가망이 없을 때 세상과 단절하게 되며 고통을 느낀다. 종국에는 무기력하게 죽음을 받아들인다. 이처럼 예고된 죽음의 과정은 부인, 분노, 타협, 우울, 수용의 절차를 밟는다.

그러나 이러한 과정을 거치지 않고 훌륭한 죽음을 맞이함으로써 우리들로 하여금 감탄을 자아내게 하는 분들도 많이 있다. 이순신 장군, 한경직 목사, 김수환 추기경, 법정 스님. 이런 어르신들의 삶과 죽음이야말로 우리들에게 무한한 감동을 주고 있으며 천추에 길이 추앙받아 마땅할 것이다.

흔히 "인명(人命)은 재천(在天)"이라고 한다. 안방에서 이불을 덥고 편안하게 자다가도 갑자기 축대가 무너지거나 토네이도 또는 쓰나미가 덮쳐서 죽는가 하면 반면에 총알이 빗발치는 전투 현장에서도 살아남는 사람이 있다. 그렇다고 해서 생명의 존엄을 경시하거나 안전에 대한 중요성을 망각해서는 안 된다.

그런데 국립현충원에 가서 그 많은 호국 영령들을 보면 반드시 인명은 재천이라고 보기에는 좀 곤란하다는 생각이 들었다. 나라를 지키기 위해서 꽃다운 청춘들을 바쳤기 때문이다. 따라서 이러한 호국 용사들과 그 유족들, 국가 유공자들에게 최대의 예우와 보다 질 높은 보훈 대책을 강구해야 마땅할 것이다.

여기서 한 가지 간과해서는 안될 것이 있으니 그것은 바로 자살이라는 것인데 이는 도덕적으로나 종교적으로 인간이 해서는 안 되는 죄악이라는 점이다.

사람의 목숨을 파리 목숨에 비유하는 생명경시 풍조가 있는가 하면 인동초보다 질긴 목숨의 예도 있다.
나의 모친께서 췌장암에 걸리신 것을 모르고 있다가 말기에야 발견하게 됨으로써 가족들은 망연자실, 곧 가실 것이라 마음의 준비를 한 상태였는데 "막내 딸 혼례를 보고 죽겠다." 고 말씀하셨다.

  결혼이란 인륜지대사라는데 그리 쉽게 성사시키지 못하고 차일피일 미뤄지기를 삼년, 그 때까지 생존해 계시다가 결혼식을 마친 다음날 돌아가셨다. 이를 미루어 볼 때 사람의 생명은 의지에 의해서 연장이 가능할 수도 있겠다는 생각이 들었다.

  천상병 시인이 쓴 '귀천'(歸天)이라는 제목의 시 마지막 연을 보면 "나 하늘로 돌아가리라./ 아름다운 이 세상 소풍 끝내는 날,/ 가서, 아름다웠다고 말하리라."고 읊었다.

  그의 삶이 동백림사건에 연루되는 등 고난의 연속이었음에도 불구하고 이처럼 달관의 시를 쓴데 대하여 경의를 표함과 동시에 우리도 긍정적인 사생관을 확립해야 하겠다.

                (종합문예지 계간 〈문학의봄〉 제35회 신인 문학상 당선 작품)

제2부, 문화

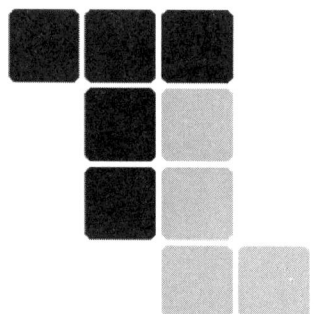

 문화란 자연 상태에서 벗어나 삶을 풍요롭고 편리하고 아름답게 만들어 가고자 사회 구성원에 의해 습득, 공유, 전달되는 행동 양식. 또는 생활양식의 과정 및 그 과정에서 이룩 해낸 물질적, 정신적 소산을 통틀어 이르는 말이다.
 여기에는 의식주를 비롯하여 언어, 풍습, 도덕, 종교, 학문, 예술 및 각종 제도 따위를 모두 포함한다.

서양에서 문화(culture)라는 말은 경작이나 재배 등을 뜻하는 라틴어(colore)에서 유래했다.

문화란 자연 상태의 사물에 인간의 작용을 가하여 그것을 변화시키거나 새롭게 창조해낸 것을 의미한다.

문화를 인간 집단의 생활양식이라고 정의하는 인류학의 관점이 이런 문화의 본래 의미를 가장 폭넓게 담은 것이라 할 수 있다.

덕풍만리

나는 덕풍만리(德風萬里)라는 한문 서예 작품을 표구해서 내가 주로 앉아 있는 거실 소파의 정면에 걸어놓고 수시로 보면서 그 뜻을 음미하고 있다.

덕풍만리라는 말은 지도자의 덕이야말로 만리에 퍼질 정도로 국민들에게 지대한 영향을 미친다는 뜻의 사자성어다. 지도자는 모름지기 사심을 버리고 덕행을 몸소 실천하는 모범을 보임으로써 국민들로부터 신망과 존경을 받아야 한다. 그렇게 함으로써 비로소 자발적이고 능동적인 협조가 이루어진다. 또한 기강과 영이 서고, 정의가 강물처럼 흐르게 된다. 이러한 깊은 뜻이 있는 좋은 말이다.

이 말은 원래 논어의 안연(顔淵)편에서 나왔다. 노나라의 대신 계강자(季康子)가 공자에게 정치에 관해서 물었다. "만일 무도(無道)한 자를 죽여 도(道)를 지키는 방향으로 나아가게 한다면 어떻겠습니까?"

공자가 대답하기를

"대감께서는 정치를 한다면서 어찌 살인을 하려하십니까? 대감께서 선하시면 백성들도 선한 법입니다. 군자의 덕은 바람과 같고 소인들의 덕은 풀과 같아서 풀은 항상 바람이 부는 대로 넘어지기 마련입니다."(季康子 問政 於孔子曰 如 殺無道 以 就道何如, 孔子 對曰 爲政焉用殺 子欲善而 民善矣 君子之德 風 小人之德草 草上之風 必偃)

덕풍만리와 비슷한 말로 '난향백리(蘭香百里), 묵향천리(墨香千里), 덕향만리(德香萬里)'라는 말이 있다. 또 '화향백리(花香百里), 주향천리(酒香千里), 인향만리(人香萬里)'라는 말도 있다. 여기 나오는 덕향만리와 인향만리는 덕 자체에 대한 중요성을 강조한 비슷한 말이지만 덕풍만리는 지도자의 덕이 민초(民草) 즉 국민들에게 지대한 영향을 미친다는 정치철학이 함축되어 있다는 점에서 그 개념이 다르다.

덕에 대해서 중국 고대의 사상가 장자(莊子)는 다음과 같이 말했다.

"재주는 빨랫줄에 걸린 속옷과 같고 덕은 장롱 속에 넣어둔 속옷과 같다. 산들 바람만 스쳐도 대낮 하늘 밑에서 창피한 줄도 모르고 오가는 사람들의 눈앞에서 재주라는 속옷은 나풀거린다. 그러나 장롱 속의 덕이란 속옷은 남의 눈을 피하여 그것을 입을 사람에게 추위를 면하게 해 주려고 항상 기다리고만 있을 뿐이다."

"덕은 한번 나타나면 반멸(半滅)되고 두 번 나타나면 없어져버린다. 그러므로 덕을 앞세우면 차라리 덕이 없었던 것만도 못하게 되어 버린다. 이것을 공치사라고도 하는 것이다. 좋은 일을 했다하여 생색을 내는 것은 무슨 꿍꿍이속이 있었음을 말하는 것이므로 고마운 마음을 얻지 못한다."

"덕이란 고마운 마음을 얻게 하는 것이다. 그러나 덕이 마음속에서 나와 입을 통해 바람을 탈 때는 반나절 양지쪽 햇볕에 불과할 뿐이다."

어쩌면 고대인이 덕에 대하여 이렇게 잘 표현하였는지 감탄할 따름이다.

한국민족문화대백과사전을 보면 "덕이란 한 존재가 다른 존재와 구별되는 독특한 '존재다움'이나 또는 그 존재다움의 발현 능력"이라고 요약하였다.

그러나 이 말은 매우 광범위한 영역을 포괄하는 다양한 내용을 가지기 때문에 크게 일반적 의미, 자의적 의미, 학문적 의미로 나누어 설명하였다.

일반적 의미의 덕이란 인간의 삶에 나타나는 모든 종류의 바람직한 인격과 그 인격의 발현으로 나타나는 결과를 뜻한다. 유덕(有德)하다든가, 성덕(成德) 군자(君子) 등의 표현은 그 바람직한 인격을 의미하며 공덕(功德), 은덕(恩德) 등은 밖으로 드러난 결과를 뜻한다.

글자 뜻으로 본 덕이란 글자는 덕(悳)이다. 그리고 이 글자는 득(得)으로 해석하고 있다. 허신(許愼)의 설문해자(說文解字)를 보면 덕이란 밖으로 다른 사람에게 바람직하고 안으로 나에게 획득된 것이라 했다.

단옥재(段玉裁)는 그 주석에서 안으로 나에게 획득된 것이란 몸과 마음에 체득된 것이요, 밖으로 다른 사람에게 바람직한 것이란 다른 사람이 혜택을 받도록 하는 것이라 하였다.

학문적 의미에서 덕이란 개념은 유교사상과 연관된다. 덕이란 유교 정치사상의 핵심인 덕치주의의 근거가 된다. 윤리와 수양의 측면에서는 군자라는 바람직한 인간상과 연결되어 그의 인격 및 덕성으로 표출된다.

덕이란 개념은 도라는 개념과 마찬가지로 독특한 내용을 가지는 것이라기보다는 오히려 다양한 여러 의미의 종합적인 개념어이다. 그렇기 때문에 한유(韓愈)는 인의(仁義)가 일정한 내용을 가진 것이라면 도덕은 허위(虛位)라고 하였다. 허위란 여러 가지 다른 내용을 포괄하는 존재라는 의미다.

인간의 사회성은 여러 사회적 관련 속에서 어떤 위치를 가지고 있음을 의미한다. 덕이란 바로 이런 사회적인 관계 속에서 어떤 위치에 있는 사람에게 요청되는 당위이며 동시에 그 당위를 실천할 수 있는 능력을 의미한다.

대표적인 인간관계라고 할 수 있는 삼강, 오륜, 청렴(淸廉), 성실(誠實), 경건(敬虔), 정직(正直), 겸양(謙讓) 등이 모두 덕의 내용을 이루고 있다.

공자는 이러한 다양한 덕목 중에서 가장 중요하고 동시에 모든 덕목을 포괄할 수 있는 전덕(全德)의 개념을 인(仁)이라

했다.

　자기의 몸을 태워 빛을 밝히는 촛불과도 같이 상대를 배려하고 도움을 주는 사람, 사심은 절대로 갖지 않는 사람, 봉사정신이 충일한 사람, 자기 맡은 직책을 훌륭하게 수행할 수 있는 능력이 있는 사람, 자기 패거리를 챙기지 않고 적재적소의 인재를 널리 발탁해서 탕평인사를 하는 사람, 극우나 좌편향 되지 않는 안보관이 투철한 사람, 국가와 국민을 위해서는 목숨까지도 바칠 수 있는 사람, 이러한 사람은 잘 익은 진한 과일향이 나는 덕망이 있고 지도자로서의 자질이 있는 사람이라 할 수 있다.

　우리나라의 경제력은 세계에서 10위권 이내에 들어가는 대국이지만 정치는 낙후된 후진국이다. 여야가 협치 해서 자기 지역구를 위한 쪽지예산으로 챙겨가는 돈이 매년 수천억에 이른다고 한다. 자기들 밥그릇 챙기는 법안은 여야 정쟁 없이 국민들 모르게 소리소문 없이 통과시킨다. 이처럼 나라를 생각하는 애국심이라고는 눈꼽만큼도 없는 대부분의 못된 정치인들이야말로 국민들로부터 불신의 대명사가 되고 있다.

　각계각층의 지도자급 인사들은 거의 모범을 보이지 못함으로써 국민들로부터 존경을 받지 못하고 있다. 그래서 우리 사회에는 정의가 실종된 지 오래다.

　국무위원이나 고위 공직 후보자들의 청문회에서 병역기피다, 위장전입이다, 다운계약서다, 논문 표절이다, 음주운전 또는 교통위반을 하였다, 비리에 연루되었다, 자녀 부정 입학이다, 과도한 수임료나 고문료를 받았다, 탈세다, 성추행이다, 등등으로 말썽이 되고 있는 광경을 보고 있노라면 '어쩌면 한결 같이 저 모양 저 꼴들인지' 울화가 치밀어 오른다.

우리 대한민국의 정치권이나 지도자급 인사들은 모름지기 덕풍만리의 뜻을 되새기고 실천하는 일대 혁신이 있기를 강력히 촉구한다.

(종합문예지 계간 〈문학의봄〉에 수록)

동기회의 의의와 우정

　동기회(同期會)는 초·중·고·대학·대학원 등에 같이 입학해서 같이 졸업한 동기생간의 친목 모임이다. 동기회는 동창회(同窓會)나 향우회(鄕友會) 또는 종친회(宗親會)와는 엄연히 구별된다. 이것들은 학연이나 지연이나 혈연에 불과하지만, 동기회는 학연이면서 친구로서 우정으로 승화 발전할 수 있다는 점에서 차원이 다르다고 할 수 있다.
　또한 이것들은 수평적 관계와 수직적 관계가 공존하지만 동기회는 오직 수평적인 관계뿐이다. 목욕탕에서 발가벗고 만난 것처럼 아무것도 가려져 있지 않은 관계이며 아무런 조건도 없는 순수한 관계다.
　그러므로 동기생 간에는 부와 명예의 다과에는 관계없이 친구가 될 수 있고 우정을 돈독히 할 수 있다는 점에서 동기회의 의의와 존재가치는 자못 지대하다고 할 수 있다.
　우정(Friendship)이란 친구 상호간에 덕을 보거나 받으려는 생각은 추호도 없이 사랑도 주고, 정도 주고, 도움도 주고, 배려도 주는 오직 아무 조건 없이 주기만 하려는 윤리적 감정이다.
　구태여 "먼데서 친구가 찾아왔으니 어찌 기쁘지 아니하랴"

라는 논어의 구절을 인용할 필요도 없이 친구의 중요성은 누구나 주지하는 바이다.

좋은 친구가 있어야 더욱 행복하며 더욱 건강하고 장수한다고 한다. 행복이라는 방정식에는 아주 중요한 변수(變數)가 하나 있는데 그것이 바로 친구들이라는 것이다.

이렇게 볼 때 동기회 모임에 참석해서 동기생들과 만남의 기쁨을 공유한다는 것은 행복이란 방정식의 변수를 살찌우는 매우 중요한 행사라 할 수 있다.

"우정을 원한다면 너 자신이 먼저 좋은 친구가 되어라."

이는 엔드류 매튜스(Andrew Matthews)가 그의 저서 〈친구는 돈보다 소중하다〉(Making Friend)에서 한 말이다.

공자는 사귀면 유익한 벗으로 곧은 사람, 신용이 있는 사람, 견문이 있는 사람을 들었고, 사귀면 해로운 벗으로 편벽한 사람, 아첨 잘하는 사람, 말이 간사한 사람을 들었다. 그리고 맹자는 나이, 지위, 세력 등에 개의치 말고 상대방의 덕을 가려 사귀라고 하였다. 현대에 공맹의 친구관을 그대로 따를 수는 없지만 일고할 가치는 있다고 행각한다.

동기생을 위한 찬조는 우정 발로의 꽃이라 할 수 있다. 따라서 동기회 발전을 위해서 찬조를 하거나 자진해서 친구들의 식사 경비를 지불하는 친구에 대해서는 그 우정을 높이 평가해야 할 것이다. 찬조나 기부행위는 아무 조건 없이 우정만으로 행하기 때문이다. 찬조는, 재물이 많다고 하는 것도, 재물이 많지 않다고 아니하는 것도 아닌 것이 그 속성이기 때문이다.

우리들은 우정의 뜻을 되새기며 우정을 원하거든 자기 자신이 먼저 좋은 친구가 되겠다고 다짐해야 하겠다.

공금에 대하여

얼마 전에 내가 사장으로 취임하게 된 회사의 경리 과장이 회사의 공금을 도박으로 탕진한 사건이 발생했다는 보고를 전무이사로부터 받았다. 나는 회사의 현황 파악도 하기 전에 이를 수습하느라 곤욕을 치뤘다. 경찰서, 검찰청, 법원, 교도소 등을 왕래하며 절대로 죄 짓고는 살지 말아야 하겠다는 생각이 들었다. 경리과장은 구속되어 징역형에 처해졌지만 손실된 회사자금은 거의 회수할 수가 없었다. 그 경험을 통해서 터득한 내용을 제시하고자 한다.

공금(公金)이란 개인이 아닌 단체가 공동으로 소유하는 돈을 말한다. 공금이기 때문에 개인의 돈보다 더욱 소중하게 취급해야 함은 너무나 당연한 상식이다.

그런데 이 공금을 불법적으로 가로채어 착복하는 공금횡령(公金橫領)이나, 공금을 개인이 사사로이 돌려쓰는 공금유용(公金流用)의 사례들이 비일비재하다. 이로 인한 사회적 손실은 매우 심각하다. 자기 돈을 낭비하거나 분실하면 개인의 손해에 그치지만, 공금은 다수에게 피해를 끼친다.

공금을 가지고 장난치거나, 공금과 자기 돈을 구분하지 못하는 사람은 공금을 취급할 자격이 없다. 그런 사람은 조만간 민·형사상의 책임을 지지 않으면 안될 큰 사건을 일으키고야 말기 때문이다. 내가 근무했던 회사의 전 경리과장도 그 한 예다.

　세간에는 지도자급에 속하는 인사들에게서까지도 공과 사를 구별하지 못하는 범법 행위가 빈번함을 개탄하지 않을 수 없다.
　성완종 리스트에 연루된 모 인사가 금품 수수 사실이 없음을 해명하면서 국회의원 시절에 국회 대책비를 자기 개인 용처에 썼다고 실토했다. 국회 대책비는 엄연한 국가 공금이기 때문에 공금횡령죄를 범하였음에도 불구하고 이를 관례라고 항변하며 아무렇지 않게 말했다고 한다.
　어느 교육자가 자기네들 친목 단체의 공금을 횡령했다가 고발당했다. 그런데 피의자가 친목 단체의 경비는 공금이 아니라고 주장하며 법적 분쟁을 일으키는 추태를 보였던 사건도 있었다.
　나는 고교 동창회 일을 하면서 상당액의 기금을 조성하여 인계하였다. 그런데 후임 회장이 구청장까지 역임한 공직자였음에도 불구하고 그 공금을 자기 돈처럼 다 써버렸다. 그리하여 변호사직의 동기생을 포함한 몇몇이 대책반을 조직하여 법적 절차를 밟아 공금을 환수하고 형사 처벌을 받게 한 경험도 있다.

일본의 마스조에 요이치(舛添要一) 전 도쿄도(東京都) 지사가 공금을 자기 쌈짓돈처럼 사용하다가 들통이 나서 지사직에서 퇴출되고 스타 정치인이 죄인으로 추락하는 신세가 되었다는 기사를 보았다.

이처럼 어느 단체나 모임을 막론하고 공금 때문에 시끄러운 예가 많음에도 불구하고 그 대책을 강구하지 않음으로써 악순환이 반복되고 있다.

이에 나는 그 처방으로 공금관리의 3대 원칙을 제안코자 한다. 그것은 바로 정확성(正確性), 효율성(效率性), 투명성(透明性)을 준수하면 된다는 원리이다.

형제간에도 돈을 거래할 때에는 정확히 세어서 주고받는다고 하는데, 이것이 정확성이다. 공금은 한 푼이라도 남거나 부족해서는 안 된다. 결산서를 보면 몇 원까지도 사사오입하지 않고 그대로 기록함은 이를 입증한다고 할 수 있다.

내가 이 글을 모 카페에 올렸더니 안전성을 추가했으면 좋겠다는 댓글이 있었다. 안전성이란 분실, 소실, 도난, 소매치기, 횡령, 유용 등에 대한 방지를 의미한다. 이는 공금뿐만 아니라 개인의 사유재산도 동일하게 적용되는 문제다. 후자는 각자가 손해를 보면 되고, 공금은 변상이나 민형사상의 책임을 물어 해결하면 되기 때문에 정확성의 범주에 속한다.

같은 양의 동일한 품질이라도 값이 구매처에 따라서 차이가 있기 때문에 성심성의껏 발품을 팔고 정보를 수집하여 가급적 저렴하게 구매하는 것, 이것이 효율성이다. 이를 담보하기 위해서는 공금 관리자가 성실성과 봉사정신, 그리고 능력이 구비되어야 함은 물론이다.

관계 기관 간에 협조가 안 되어 도로를 파헤쳤다가 메우는 짓을 반복하는 것은 예산 낭비요 범죄 행위다. 내내 그대로 있다가 배정된 예산을 소진하기 위해 연말 한겨울에 공사판을 벌여서 추위에 부실 공사를 하는 것은 이중의 예산 낭비다.

발주 단가를 높여 비자금을 조성하고 뒷거래를 통해 비리를 저지르는 행위도 공금횡령이요 예산 낭비다. 예산 낭비는 범죄 행위다. 이를 중벌로 처단함으로써 재발을 방지해야 한다.

동기회나 친목회에서 공금 관리자가 공금사용에 대해서 자세히 밝히지 않고 어물어물하면 의문이나 의심스러운 점, 의혹이 없을 수 없다. 그렇다고 잘 알고 지내는 친구 간에 묻거나 따지기도 거북하여 참으로 난처한 경우를 많이 경험하게 된다. 따라서 공금을 취급하는 사람은 스스로가 자진해서 증빙서류를 첨부하여 공금 사용 내역을 자세하게 밝혀야 한다. 이것이 투명성이다. 투명성은 공금 관리자의 예의요, 반드시 이행해야 할 의무라고 생각한다.

과문의 탓인지는 모르나, 위에 제시한 공금 관리의 3대 원칙은 어느 경제학 서적이나 경영학 서적, 어느 글에서도 발견할 수가 없었다.

그리하여 나름대로 경리 사고를 해결하면서 곤욕을 치뤘던 경험을 토대로 고심 끝에 도출해 낸 원칙이다. 아무쪼록 이 원칙이 세상에 널리 전파되어 모든 모임들이 건전하고 투명한 조직 문화로 정착되어 사회정화와 나라발전에 기여하기를 바란다.

(화랑대문인회가 발행하는 종합문예지 〈화랑대문학〉 제2호에 수록)

설 명절

　우리 집안에서 내가 제일 어른이기 때문에 설명절에는 아들·딸·며느리·사위·손자들 그리고 일가친척들이 다 우리 집에 모인다. 그래서 나는 이때 근엄하고 권위 있는 덕담을 하기 위해서 설날에 대해 공부했다.
　그런데 나만 알고 있기에는 아까운 자료들이 많이 있었다. 그래서 세배를 받는 위치에 있는 사람들은 반드시 이 글을 읽어서 참고가 되었으면 좋겠다. 그리고 젊은이들도 우리의 고유 명절인 설에 대해 알아둠으로써 미풍양속의 전통을 계승 발전시킬 수 있겠다는 취지에서 이 글을 쓴다.

　설날은 음력(陰曆) 1월 1일로 갑자년(甲子年), 무술년(戊戌年) 하는 육십갑자(六十甲子) 중 한 해의 첫날이다. 설·원일(元日)·원단(元旦)·세수(歲首)라고도 한다.
　설날을 명절로 기념하는 의미는 한 해의 건강과 풍요를 기원하기 위해서다. 따라서 이날은 몸과 마음을 깨끗이 하고 맞았다. 잘 씻지 않던 사람도 이날만은 목욕을 하였다.
　설날은 조상들께 추원(追遠)의 뜻으로 차례(茶禮)를 지내며, 성묘도 하고, 부모님과 어른들께 세배를 한다.

한 해의 복을 비는 복조리를 방문 위 벽에 걸며, 한살 더 먹는다는 뜻의 떡국(첨세병,添歲餠)을 먹고 민속놀이를 한다. 떡국에는 원래 꿩고기를 넣는데 꿩고기가 없을 때는 닭고기를 넣었다. 그래서 〈꿩 대신 닭〉이란 말이 생겨났다.

한 해의 운수가 그 해의 첫날인 설과 관계가 있다고 믿어, 한 해의 길흉(吉凶)을 점치고 재미로 토정비결을 본다, 그리고 동네사람들이 모여 신명나게 농악을 연주하며 태평과 풍년을 기원한다.

설 연휴에는 고향에 가기 위해서 민족 대이동이 이루어지고, 교통전쟁이 일어난다. 이때에는 교통사고도 많고 특히 여성들이 명절 증후군으로 고생한다. 이 기간에 해외여행객들도 무척 증가하고 있다.

우리나라에서는 정월의 설날과 대보름, 이월의 한식(寒食), 오월의 단오(端午), 유월의 유두(流頭), 칠월의 백중(伯仲), 팔월의 추석(秋夕), 십일월의 동지(冬至) 등 각종 명절 중 설 명절을 으뜸으로 친다.

명절(名節, Festive Day)은 전통적으로 그 사회 대부분의 사람들이 해마다 즐기고 기념하는 날이다. 옛날에는 계절에 따라 가일(佳日) 또는 가절(佳節)이라 하여 좋은 날을 택해서 여러 가지 행사를 거행하였는데 이것이 세월의 흐름에 따라서 명절이 된 것이다.

설이란 말의 유래에 대해서는 여러 설이 있다. '설다, 낯설다'의 '설'에서 유래되었다는 주장이 있다. 처음 가보는 낯선 곳, 처음 만나는 낯선 사람처럼 설 역시 처음 맞이하는 '낯선 날'로 생각해서 비롯되었다는 설이다.

  다른 주장은 '서럽다'는 뜻의 '섧다'에서 왔다는 것이다. 한 해가 지나감으로써 점차 늙어가는 처지를 서글퍼하는 뜻이라고 한다.

  또 다른 유래는 '삼가다'라는 뜻을 지닌 '사리다'의 '살'에서 비롯되었다는 설이 있다. 각종 세시풍속 책에 설날을 신일(愼日)이라 하여 '삼가고 조심하는 날'로 표현하였음을 예로 들면서 몸과 마음을 조심하고 가다듬어 새해를 맞이하라는 뜻으로 본다는 것이다.

  나이를 말하는 몇 살의 '살'에서 비롯되었다는 연세설(年歲說)도 있다.

  그밖에도 한 해를 새로이 세운다는 뜻의 '서다'라는 말에서 유래되었다는 주장도 있다.

  어느 주장이 맞는지는 모르나 모두 일리가 있다고 생각한다.

  나는 어렸을 때 설날을 무척 기다렸다. 차례를 지내고 먹는 음식이 생각나서 그랬다. 또 새 한복을 입고 친구들과 어울려서 동네 어른들을 찾아다니며 세배를 하고서 덕담도 듣고 설음식(歲饌)을 먹을 수 있었으며 세뱃돈도 받을 수 있어서 좋았다. 연날리기, 널뛰기, 윷놀이, 자치기, 못치기, 딱지치기, 제기차기 등 전통놀이를 하는 것도 즐거웠다.

　설날 재미난 풍속으로 〈양괭이 쫓기〉라는 것이 있다. 양괭이 또는 야광귀(夜光鬼)라는 귀신은 설날 밤 아이들의 신발을 모두 신어보고 발에 맞으면 신고 가버린다는 것이다. 그러면 그해 그 신발의 주인에게는 불길한 일이 일어난다고 믿었다. 그래서 아이들은 이 귀신이 무서워 모두 신발을 감추거나 뒤집어 놓은 다음에 잠을 잤다. 그리고 체를 마루 벽에 걸거나 장대에 매달아 뜰에 세워두었다. 그러면 양괭이가 와서 수없이 구멍이 나 있는 신기한 물건을 보고 그 구멍을 세느라고 신발을 훔쳐갈 것을 잊고 있다가 닭이 울면 도망간다고 생각했다.

　또 설날의 세시풍속으로 〈원일소발〉(元日燒髮)이 있다. 이는 남녀가 지난 한 해 동안 빗질을 할 때 빠진 머리카락을 모았다가 설날 해가 어스름해지기를 기다려 문밖에서 태워 나쁜 병을 물리친다는 풍속이다.

　설 전날인 섣달 그믐날을 〈대그믐 날〉이라고 하는데 이 날 밤에 자면 눈썹이 희어진다는 할머니의 말씀 때문에 자지 않으려고 꾸벅 꾸벅 졸다가 쓰러져 잤던 기억이 새롭다. 이것을 〈해 지킴이〉 또는 〈수세〉(守歲)라고 한다. 이날 밤은 제야(除夜)라 하여 각 가정에서는 집안에 있는 묵은 것을 쓸어내어 정갈하게 하였다. 또 집 안팎 구석구석에 불을 밝힌 채 밤을 새며 송구영신을 지켜보았다.

　이날의 세시풍속으로 아이들이 모여서 행하는 〈담치기〉라는 것이 있다. 아이들이 집집마다 돌아다니며 풍물(風物)을 치면 어른들은 쌀이나 잡곡을 내주었다. 이를 자루에 모아 밤중에 노인들만 계신 집과 환자가 있거나 쌀이 없어 떡을 못하는 어려운 집들을 찾아다니며 담 너머로 던져주었다. 참으로 아름다운 풍속이다. 그리고 나라에서는 이날 묵은해의 잡귀를 몰아내는 의식인 〈나례〉(儺禮)를 하였다.

흔히 양력설을 신정(新正), 음력설을 구정(舊正)이라고 하는데 이런 말은 있을 수 없다. 일제의 잔재이기 때문이다. 설은 음력 1월 1일이고 양력 1월 1일은 설이 아니다.
일제 강점기에 식민지 조선의 얼이 담긴 전통을 무시할 수 없다며 우리의 설날을 구정이라 폄하하고 그 대신 자기들이 만든 양력 1월 1일을 신정이라 명명하여 이를 지키라고 강요하였다. 따라서 해방된 후부터는 신정 구정이란 말이 존재할 수 없다고 생각한다.

한 가지 첨언할 것은 해방 후에도 우리의 설날은 되찾지 못한 처지가 되었다. 정부는 이중과세를 막겠다는 명분으로 양력 1월 1일을 설로 강요하였기 때문이다. 이는 일제의 만행을 그대로 답습한 아주 잘못된 정책이었다. 누구에 의해서 그렇게 되었는지 철저히 조사해서 응분의 책임을 묻는 것이 진짜 적폐청산이라고 생각한다.
역사학자들도 그처럼 광복 후 45년 동안 우리의 고유 명절이 실종되도록 방치한데 대하여 책임을 면할 수 없을 것이다.

설날이 1985년에야 '민속의 날'로 지정되었다. 그러나 단 하루만 공휴일이었고 명칭도 설이 아닌 민속의 날이었기 때문에 완전한 설날은 아니었다. 그러다가 1989년 2월 1일에 정부가 공휴일에 대한 규정을 고쳐 명칭도 설날로 하고 설날을 전후한 3일을 공휴일로 지정함에 따라 비로소 우리의 고유 명절인 설날을 되찾게 된 것이다. 일제 강점기 36년에 해방 후 45년 도합 80여 년 간 진흙 속에 묻혀 있었던 셈이다. 이는 실로 개탄스러운 일이 아닐 수 없다.

서양에서는 음력 설날이 없지만 동양의 여러 나라에서는 설을 명절로 지내는 나라가 많고 세시풍속도 다양하다.

월남에서는 설날 전에 수박을 준비했다가 설날에 손님들이 오면 수박을 갈라 얼마나 잘 익었느냐에 따라 한 해의 운세를 점친다.

인도는 설날 온 식구가 모여 마당에서 우유와 쌀로 죽을 끓여 한 해의 길흉을 점친다. 죽이 잘 안 끓여지거나, 냄비가 깨지면 불행이 오고 죽이 잘 끓으면 행복해진다고 믿는다. 그리고 이 죽을 무화과잎에 싸서 친지들에게 선물한다.

이란은 마늘·식초·사과 등의 재료를 써서 음식을 장만하는데 이 재료들은 각각 풍요, 즐거움, 건강, 행복 등을 상징한다고 믿는다.

중국의 대표적인 풍습은 압세전(壓歲錢)인데 이는 덕담을 적은 빨간 봉투에 담아주는 세뱃돈을 말한다. 붉은색이 잡귀를 쫓고 부를 부른다고 생각해서 붉은색 봉투를 사용한다. 또 우리나라의 입춘 풍속과 비슷한 의미의 춘련(春聯)을 붙인다. 이것은 복숭아나무에 귀신을 쫓는 귀신의 상을 그리거나 귀신의 이름을 써서 복을 기원하는 도부(挑附)에서 유래한 것이다.

 일본에서는 설날은 없었지만 양력 1월 1일을 우리나라 설을 본 따서 신정이라 정하고 이날 세배를 하며 세뱃돈을 그냥 주는 것은 예의가 아니라고 생각하여 새해를 상징하는 연이나 매화 등을 그린 봉투에 세뱃돈을 넣어서 준다. 또 일본 사람들은 '하쓰모데'라고 해서 양력 새해 첫날 신사 참배를 하는데 보통 그 전날 밤을 신사에서 보내고 새해 첫날 아침에 집으로 온다.

 중국의 압세전이 우리나라에 전해져서 세뱃돈이 생겼다고 한다. 우리는 붉은 봉투 대신 빳빳한 새 돈을 준비했다가 사용하고 있다. 나도 새 돈을 미리 준비했다가 세뱃돈을 준다.

 세배시 덕담을 할 때에 주의해야 할 금기어로는 '취직'과 '결혼'이다. 청년 실업자가 많은데 취직은 했느냐고 묻는 것은 삼가야 하며 결혼 적령기를 넘긴 선남선녀들에게 결혼에 관해서는 언급을 피하는 것이 좋다.

 설 명절을 맞이해서 어른들은 젊은이들에게 과음과 과식의 자제를 촉구하는 덕담을 해야 한다. 명절의 좋은 날에 주사(酒邪)를 부리는 사람들 때문에 불상사가 야기되는 사례가 빈번

하고 과식으로 체하는 사람들이 많기 때문이다. 겸하여 남을 배려하고 베푸는 미덕도 가르쳐야 한다.

지금도 윤극영(尹克榮) 작사·작곡의 〈까치 까치 설날은〉이란 동요를 들으면 어렸을 때의 설 명절에 대한 추억들이 파노라마처럼 머리에 스친다. 이 동요는 4절까지 있는데 그중 1절만 소개하면 다음과 같다.

까치까치 설날은
작사, 작곡 : 윤극영

까치 까치 설날은 어저께고요
우리 우리 설닐은 오늘이래요
곱고 고운 댕기도 내가 드리고
새로 사온 신발도 내가 신어요

양력 1월 1일을 전후해서 일반적으로, "무술년(戊戌年) 개띠 해"를 운운하는데 이는 착오다. 무술년은 음력 기준이기 때문에 설날 즉 음력 1월 1일부터 개띠 해가 적용된다. 나도 무심코 양력 새해 첫날을 무술년이라 했는데 앞으로는 이런 오류를 범하지 않겠다고 다짐한다.

박열 열사 아들 육사 합격담

내가 육사 교수로 재직 중이던 1966년 6월 28일, 육사 교장 정래혁(丁來赫) 장군이 나를 찾았다. 그 때 나는 무슨 일로 찾는지 몹시 궁금했다. 3성 장군이 전속부관도 아니고 직접적인 관계가 없는 위관 장교를 보자고 함은 흔히 있는 일이 아니기 때문이다.

교장 집무실에 들어가니 대한부인회 회장 등 한국의 여류 명사들 10여명과 거구의 젊은이가 있었다. 교장이 이 젊은이가 박열 열사의 아들 박영일(朴榮一)이라고 소개했다. 그는 일본에서 고등학교를 졸업하고 육사에 입교하기 위해서 왔다는 것이다. 아마도 박군 모친께서 여류 명사들을 대동하고 육사 교장을 찾아가서 부탁한 모양이다. 그래서 내가 맡아서 합격시키라는 것이었다.

육사 필기 시험일이 10월 3일이기 때문에 준비 기간이 3개월밖에 남지 않았다. 한국말은 전혀 듣지도 말하지도 못한다. 한글은 'ㄱ'자도 모른다. 몸무게는 113Kg의 거구다. 체력 검정시 턱걸이를 10회 이상 하여야 하는데 단 한 개도 할 수 없는 상태였다. 이러한 이유들 때문에 육사 합격은 거의 불가능하다고 판단하여 난색을 표했다. 그리고 대안으로 준비 기간을 1년 연장토록 건의하였다.

그러나 교장은 여류 명사들 앞이라 그런지 나라면 할 수 있다며 맡아서 책임지고 합격시킬 것을 단호한 어조로 명령했다.

120명이 넘는 교수들 중 내가 선택되었다는 점, 나라면 할 수 있다며 나를 인정해준다는 점을 감안할 때 자부심을 느꼈다. 그리고 고집부릴 일만은 아니라고 생각되었다. 그래서 최선을 다해 합격시키도록 노력하겠다고 약속하고 박열 열사 아들 박영일을 데리고 나왔다.

박열(朴烈) 열사(烈士)는 1902년 2월 3일 경북 문경에서 출생했다. 1919년 경성고등보통학교 2학년 때 3.1운동에 참가했다가 퇴교 당했다. 그해 18세의 나이로 일본 동경으로 건너가 흑도회, 흑우회 등 항일 사상단체를 이끌었다.

그는 1923년 9월 관동대지진 당시 조선인 학살의 와중에 일본 천황을 폭살하려 했다는 혐의로 구속되었다. 이른바 대역사건이란 죄목으로 사형 선고를 받았다가 무기징역으로 감형되어 복역 중, 해방된 1945년 10월 27일 맥아더 장군에 의해 석방될 때까지 22년 2개월이라는 긴 시간동안 옥살이를 했다.

출감 후 재일거류민단의 초대 회장으로 추대되었다. 장의숙(張義淑) 여사와 결혼하여 슬하에 1남(박영일), 1녀(박경희)를 두었다.

1947년 장의숙 기자가 박열 열사를 인터뷰하다가 운명적인 만남으로 결혼이 이루어졌다고 한다. 내가 만나본 장 여사는 미모와 지성을 겸비하였다. 특히 인품이 훌륭하였고 한국의 여류 명사들과 교분이 두터웠음을 목격하였다.

장의숙 여사는 평남 진남포 태생이다. 경성여상과 동경여대 국문과를 졸업했다. 일본 국제신문 기자로 활약하면서 현재의 코리아 헤럴드 일본 지국장을 역임하였다.

박열 열사가 6.25 때 납북된 후 열사의 정신을 본받는 뜻에서 성을 박씨로 고쳐서 박의숙으로 불렀다.

한국외국어대 일어일문학과 교수로 재직 시 향학열이 불타서 1974년 외국어대학 대학원에 입학하여 학생 교수로 유명했다. 그러나 대학원 졸업 2주일을 남겨놓고 1976년 뇌졸중으로 서거하였다. 장지는 경기도 파주시 금촌 공원묘지이다.

박열 열사는 이승만 대통령의 초청으로 1949년 영구 귀국하여 고국을 위해 일할 기회를 기다리던 중 6·25전쟁 때 납북되었고, 1974년 1월 18일 73세의 나이로 북한에서 서거하였다. 우리나라에서는 1989년 건국훈장 대통령장을 추서했다.

박열 열사의 기념관이 그의 고향 문경에 있으며, 이준익 감독, 이제훈 주연의 〈박열〉이란 영화가 있다.

문경시청 공무원 황용건 저작의 박열 열사 일대기를 다룬 위인전도 있다.

나는 박영일을 교육시키기 위해서 우선 당시 청계천 헌 책방에 가서 초·중·고등학교 전 학년 전 과목의 교과서를 모두 구입했다. 그리고 교육 계획안을 월간, 주간, 일일로 세밀하게 작성했다.

처음에는 박군이 임시 기거하는 종로의 한국민예사(韓國民藝社) 견사장 댁에까지 방문하여 교육했다. 그러나 멀어서 불편하고 시간 낭비가 됨으로 내가 살고 있는 후암동의 군인아파트에 입주시켜서 같이 살면서 지도했다.

박영일은 부친의 디엔에이(DNA)를 물려받아서 정신력이 대단히 강했으며, 천재에 가까울 정도로 명석했다. 선생님 지시에 절대 복종하겠다는 서약서를 쓰게 했다. 한 줄도 안 되는 서약서를 작성하는데 소통이 되지 않아 짧은 일어와 영어, 한자, 손짓 발짓을 다 동원했는데도 애를 먹었다.

공부를 하면서도 시간을 할애하여 체중 감량을 위해 고강도의 훈련을 시켰다. 그는 쓰러지면서도 절대 복종했다.

육사 통근 버스로 내가 출근할 때 대동하여 육사 도서관에서 자습토록 하고 퇴근 시 같이 집으로 와서 공부와 체력단련을 병행했다. 다행히 영어·수학·물리·화학 등 주요 과목의 기초실력이 아주 출중히 잘 갖춰져 있어서 교육성과가 매우 좋았다.

짧은 기간이었지만 박영일과 나는 신명을 바쳐서 불철주야 최선의 노력을 경주했다. 비지땀과 인고로 점철된 그야말로 인간의 한계를 뛰어넘는 피나는 혈투였다.

드디어 필기시험을 치른 결과가 발표되었다. 4,500여명이 응시함으로써 20 몇대 1의 경쟁에서 35등의 우수한 성적으로 합격했다. 그리고 체중도 76Kg으로 감량했다. 주위에서 기적의 역사를 썼다고 야단들이었다.

　다른 과목들은 모두 90점 이상이었으며, 200점 만점인 수학도 180점이 넘었다. 그러나 국어 점수만은 최하위로 68점, 겨우 과락(科落)을 면할 정도였다. 국어시험 문제는 내가 전부 출제했는데 시험문제를 미리 알려주기는커녕 힌트도 전혀 주지 않았다. 이것이 육사 정신이다. 자기가 출제한 과목이 가장 점수가 낮다는 점에 교장으로부터 참된 육사인이며 육사정신이 충일하다는 칭찬을 들었다.

　박영일은 육사 27기로 졸업과 동시에 기갑병과의 장교가 되었다. 이때 나는 월남 백마부대에서 근무하고 있었는데 각 일간지와 주간지에 박열 열사의 아들인 박영일의 육사 졸업이 대서특필로 보도되었고 나와 내 가족의 사진과 기사도 있었다고 들었다.

　박영일은 주일 무관으로 연 3회 8년간 근무했다. 그리고 전후방 각 부대에서 소정의 경력을 쌓은 후 장군으로 승진하는 등 성공적으로 군복무를 하였으며 군과 국가 발전에 크게 기여했다.

　박영일은 부인 김혜정과의 사이에 2남을 두었다. 큰 아들은 의사이며 둘째는 회사에 다니고 있다. 손자 3명과 손녀도 있다.

　박영일 장군은 군에서 전역한 후에도 현재 남아공에서 봉사활동을 하고 있으며 세계평화와 인류 공영에 이바지하고 있는 중이다.

(이 글은 2016년 12월 7일, 국방 컨벤션에서 있었던 화랑교수회(역대 육사 교수 출신 모임) 송년회에서, 전 육사 교수부장 이동희 장군, 전 한미연합사 부사령관 정진태 대장, 기타 교수와 사회자 등 다수가 "조병락 교수 나가서 한 말씀 하라"고 해서 할 수 없이 단상에 나가면서 무슨 말을 할까 고민하다가 육사 교수 시절 잊지 못할 추억담을 말씀드리겠다고 하면서 발표한 내용임. 그런데 즉석 연설이지만 의외로 반응이 좋았으며, 글로 써서 발표하면 좋겠다는 참가자들 의견에 따라 쓴 글임. 참고로 박영일이 이 글을 읽어 보고, 모두가 사실과 일치함으로 발표하면 좋겠다는 견해를 밝힌 바 있었음.)

송구영신
送舊迎新

　한 해가 가고 한 해가 오는 연말연시가 되면 세상이 온통 소란스럽고 만감이 교차하며 추억과 감회도 새롭다. 제야의 종소리에 가슴이 설렜던 추억, 크리스마스이브 때나 망년회 때 친구들과 밤을 지새우며 젊음을 만끽했던 추억이 떠오른다. 총각시절 밤을 꼬박 새고 지금의 큰 처남인 친구 집에 가서 같이 자고 있는데 지금의 처인 친구의 여동생이 자기들만 놀고 왔다고 약이 올라서 트럼펫을 불어대서 잘 수가 없었던 기억도 생생하다.
　새 날의 해맞이를 위해서 정동진을 찾아갔던 추억, 제기 차고 자치기 하고 팽이 치고 구슬치기, 딱지치기, 못치기, 공기놀이, 연 날리고 나무에 철사를 붙여 얼음 지치던 추억, 동짓날 팥죽 먹고 쥐불놀이하던 추억들이 주마등처럼 스쳐지나간다.
　그러나 칠순이 넘은 지금에 와서는 그러한 추억들이 강 건너 불빛처럼 느껴질 뿐이며 손자들에게 줄 세배 돈이나 새 돈으로 준비해 두는 것이 현실적인 대처 방안이 될 수도 있겠다 생각된다.
　그런데 송구영신에 즈음한 추억 속에 섞여 추사 김정희(金正喜) 선생이 아무 잘못도 없는데 모함을 받아 제주도로 귀양가던 장면이 떠오름은 비단 나이 탓만은 아닐 것이다.

지금의 호송대장 격인 금오랑 안종식이 글씨 한 점을 얻기 위해 극진히 대해준 일과 그에게 써준 글의 내용도 생각난다.

"꽃은 지지만 열매를 남기고 달은 지면서 흔적을 남기지 않네. 누가 흔적을 남기는 꽃이 있음을 들어 달의 없음을 증명할 수 있는가? 있음과 없음 사이 그 간극 속에 오묘한 진리가 들어있네. 사람은 살아가기를 내일 아침 죽어도 여한이 없게 살고 영원히 살 것이라는 희망을 가지고 살아야 하느니."

이 중 특히 '있음과 없음 사이 그 간극 속의 오묘한 진리'에 대해 반추해 본다.

한편 우리의 몸은 비록 늙었으나 마음만은 젊었을 때의 그 시절 그 기분으로 돌아가서 새날을 맞이해야 하겠다는 생각으로 젊었을 때 읽었던 김종길(金宗吉) 교수의 '설 날 아침에'라는 시를 회상해 본다. 특히 이 시에서 "어린 것들 잇몸에 돋아나는/ 고운 이빨을 보듯/ 새해는 그렇게 맞을 일이다."라는 마지막 연이 떠오른다. 그리고 나도 새해를 이렇게 맞이해야 하겠다고 다짐해 본다.(壬辰 元旦)

비련의 여류 천재시인
허난설헌

    허난설헌(許蘭雪軒,1563~ 1589) 은 조선 중기의 시인, 수필가, 화가였다. 초당(草堂) 허엽(許曄)의 딸이다. 부친은 본처 청주한씨(淸州韓氏)에게서 아들 허성(許筬)을 두었다. 상처 후 재가한 둘째부인 김씨에게서 2남 1녀를 낳았다. 오빠는 12세 위인 허봉(許篈)이고, 동생은 우리나라 최초의 한글 소설인 홍길동전의 작가 허균(許筠)이다. 이들 모두가 문장에 뛰어나서 후대에 허씨(許氏) 5문장가(文章家)로 불리게 된다. 강릉시 초당동 초당마을 이름은 부친의 호에서 비롯되었다.

    허난설헌은 본명이 허초희(許楚姬)이며, 다른 이름은 허옥혜(許玉惠)이고, 난설헌은 호이다. 그 당시 여성 중 이름과 호가 전해지는 몇 안 되는 인물이다.

    허난설헌은 어릴 때부터 신동(神童)이라는 말을 들을 정도로 글재주가 뛰어났으며 용모 또한 아름다웠다. 어릴 때 오빠와 동생이 공부할 때 어깨너머로 글을 배웠지만 기억력이 좋고 글을 잘 써서 가족들을 놀라게 했다.

8세 때에 〈광한전 백옥루 상량문〉(廣寒殿 白玉樓 上梁文)을 지었는데, 당대 최고의 명필 한석봉(韓石峯)이 글씨를 썼다. 8세 아이가 상량문을 지었다고는 믿기 힘들 정도로 그 표현력과 상상력이 뛰어났다. 광한전 백옥루란 도교(道敎)의 상상의 궁전이다.

　허난설헌의 뛰어난 재능 뒤에는 부친의 아들 딸 구별 없는 글공부 교육 덕분이라고 한다. 그 덕으로 동 시대 다른 여성들과 달리 다양한 학문을 익힐 수 있었다. 당시 남존여비의 시대 조류에 비춰볼 때 그녀의 부친이 얼마나 훌륭했었는지 짐작할 수가 있다.

　또한 오빠인 허봉의 도움도 컸다. 허봉은 일찍 과거에 급제하여 사신으로 중국엘 자주 오갔다. 그때마다 두보(杜甫)의 시며 책들을 사다가 여동생에게 주어 익히게 했다. 또한 어린 동생의 능력을 더욱 키워주기 위해서 친구인 손곡(蓀谷) 이달(李達)에게 시를 배우도록 소개했다.

　이달은 삼당시인 중 하나로 불릴 정도로 당나라 시에 뛰어났다. 서얼(庶孼) 출신이라 일찍부터 관직을 포기하고, 오로지 시에만 매진하고 있었던 인물이다.

　허난설헌은 손곡 이달을 스승으로 맞아 당나라 시를 비롯해 여러 학문을 두루 배우며 학문의 깊이를 더해갔다.

　그녀는 이 때부터 동생인 허균의 글공부를 직접 지도했다. 또 동생이 시를 지으면 잘못된 부분을 지적할 정도로 문학 실력도 뛰어났다.

허난설헌은 15세 때인 1577년에 안동 김씨 집안의 자제로 5대가 대를 이어 과거에 급제한 명문가의 자제인 김성립(金誠立)과 결혼했다.

당시 조선의 혼인 풍습은 남귀여가(男歸女家) 즉 신랑이 처가에 가서 사는 것이었다. 그러나 중국이 신부가 시댁에 가서 사는 친영제도(親迎制度)였으므로 대국의 풍습을 따르자는 왕명에 의거해서 허난설헌은 최초로 시댁에 가서 살게 되었다. 이로써 많은 고난을 겪게 된다.

신랑 김성립은 결혼을 했음에도 과거시험 준비를 한다는 핑계로 집을 나가 생활했다. 과거시험에는 계속 낙방하면서도 공부는 등한히 하고 기방(妓房) 출입이 잦는 등 그녀의 속을 많이 썩였다. 또 자신보다 뛰어난 아내의 문장력에 열등감을 느꼈다. 설상가상으로 시어머니는 시를 쓰는 며느리를 달가워하지 않았고 심하게 구박했다.

이렇게 남편의 냉대, 시어머니의 학대와 질시 속에 살던 중 1580년 그녀의 나이 18세 때에 아버지 허엽이 경상도 관찰사 직에서 물러나 돌아오는 길에 객사했다. 또 어린 아들과 딸을 연이어 병으로 잃는 슬픔을 당했다.

그 때 그녀가 지은 시, '아들 딸 여의고서'는 당시 그녀의 심정을 아주 소상하고도 절절하게 보여준다. 그 시를 다음 쪽에 소개한다.

아들 딸 여의고서

지난해 귀여운 딸애 여의고
올해는 사랑스런 아들 잃다니
서러워라 서러워라 강릉 땅이여
두 무덤 나란히 앞에 있구나
사시나무 가지엔 쓸쓸한 바람
도깨비 불 무덤에 어리 비치네
소지 올려 너희들 넋을 부르며
무덤에 냉수를 부어놓으니
알고말고 너희 넋이야
밤마다 서로서로 얼려 놀테지
아무리 아해를 가졌다한들 이 또한 잘 자라길 바라겠는가
부질없이 황대사 읊조리면서
애끓는 피눈물에 목이 메인다

그녀는 불행한 자신의 처지를 시로 달래며 지냈는데 그러한 영향으로 섬세한 필치와 애상적(哀想的)인 시들을 남기게 된다.

불행은 계속되어 얼마 후에는 임신 중이던 태중의 아기까지 사산했다. 남편은 계속 밖으로 겉돌았다. 당시 사회는 이러한 남편을 기다리며 지은 시조차도 음란하다며 혹평을 하는 시대였다. 조선의 봉건제도와 가정의 불행으로 그녀가 남긴 시의 절반 이상이 속세를 떠나고 싶어 하는 내용이었다. 이를 신선시(神仙詩)라고 표현한다.

허난설헌은 양반가에서 태어났으면서도 가난한 서민들의 삶을 시로 표현했다. 특히 억압받는 여성들의 고달픈 노동에 주목했다. 그녀의 시는 불평등하고 왜곡된 현실에 대한 저항정신을 주 내용으로 하고 있다.

　그녀는 모두 300여수의 시와 산문, 수필 등을 썼다고 하는데 그 중 213수가 지금까지 전해지고 있고, 그 중에 128수가 신선시라고 한다.

　그녀는 서예와 그림에도 재능이 뛰어났다. 묵조도(墨鳥圖)는 그림도 좋고 글씨도 잘 썼다. 또 다른 작품 앙간비금도(仰看飛禽圖)는 조손(祖孫)이 다정히 날아가는 새들을 쳐다보는 소녀가 등장하는데, 이는 첫 사례라고 한다. 앙간비금도에는 "옛사람의 책을 본다"는 뜻의 글이 있는데 그 글씨체가 남자의 글씨처럼 힘차다는 평가를 받고 있다.

　허난설헌은 27세가 되던 1589년 초에 아무런 병도 없었는데 어느 날 몸을 씻고 옷을 갈아입은 후 유언과 비슷한 한 수의 시를 남기고 세상을 떠났다. 죽기 직전 방 안에 보관하고 있던 자신의 작품들을 소각하고 떠났다. 혹자는 사인(死因)을 강한 스트레스에 의한 화병이라 하고, 자살이라고 주장하기도 한다. 그러나 나는 자살이 확실하리라 생각한다.

　허난설헌이 살았던 16세기 조선은 여성이 아무리 뛰어난 재능을 가졌다 할지라도 그것을 펼쳐 보일 수 있는 시대가 아니었다. 여성이 글을 쓴다는 자체를 인정하지 않았던 조선에서 그녀의 시는 철저히 외면당했다. 그런데 영원히 묻혀 버릴 뻔 했던 주옥같은 그녀의 시가 허균에 의해 중국에서 되살아나게 된다.

허균은 누이가 죽은 이듬해인 1590년에 집에 남아 있던 누이의 시와 평소에 자신이 외우고 있던 누이의 시들을 기록하여 한데 모으기 시작했다. 이 시들을 당시 대문호였던 유성룡(柳成龍)에게 보여주니 높이 평가했다고 한다.

때마침 임진왜란이 발발했다. 명나라는 조선을 지원하기 위해 군대를 파병했다. 파병과 함께 명나라 사신이 조선을 찾았다. 그 중 오명재(吳明在)라는 사신이 있었다.

조정에서는 말재주가 뛰어난 허균을 보내 사신을 맞이하게 했다. 문인이었던 오명재는 조선의 시와 문장을 수집하고 있었다. 허균은 다른 조선 문인의 시와 함께 허난설헌의 시 200 몇십 편을 오명재에게 건네주었다. 이때 오명재는 허난설헌의 시에 큰 관심을 표했다.

명나라로 돌아간 오명재는 이 시들을 모아 1600년에 〈조선시선〉(朝鮮詩選)을 출판했다. 이 책을 통해 허난설헌의 시가 중국에 알려지게 되었다. 이로써 중국 땅에서 최초의 한류열풍(韓流熱風)이 불었다고 한다.

한편, 허균은 명나라 시인 주지번(朱之蕃)에게도 시를 주어 중국에서 난설헌집을 발간했다는 기록도 있다.

일본에서도 1700년대에 허난설헌의 시집이 발간되어 널리 애독되었다고 한다.

  지금도 중국에서 가장 규모가 큰 〈중국 국가 도서관〉에 소장된 〈조선시선〉에 허난설헌의 시가 수록되어 있다.

  중국에서의 한류열풍을 계기로 남존 여비의 땅 조선에서도 그녀의 시가 새롭게 부활할 수 있었다. 이는 모순된 사회에 대항한 그녀의 승리라고 말할 수 있다.

  당시 역사는 허난설헌을 외면했지만 오늘의 역사는 허난설헌을 시대를 앞선 천재 여류시인으로 다시 평가하고 있다.

수요 오찬

　육사 16기 화랑 동기생들은 연중 한 주도 빠짐없이 수요일이면 개포동역 6번 출구 앞 개포빌딩 607호 동기회 사무실 부근 왕대감 식당에서 오찬을 한다.
　이때 모이는 인원은 50~60명 정도이며 경비는 돌아가면서 자진하여 담당한다. 그런데 어찌나 서로 맡으려고 하는지 나는 작년 가을에 신청하였는데도 금년 2월 말에야 겨우 차례를 맞았다.
　화랑 동기생들의 수요 오찬 모임은 매우 뜻이 깊다. 연령, 가치관, 학식 정도가 비슷하고 4년간 한솥밥을 먹으며 같이 공부하고, 운동하며, 훈련하면서 생사고락을 함께해온 전우들이, 보약 같은 친구들이, 주 한 번씩 만난다는 것은 얼마나 기쁜 일인지 모른다. 만날 때마다 반갑고 또 반갑다.
　만나서는 반주로 막걸리를 한잔씩 하며 식사를 하는데 이 나이에 마치 누에가 뽕을 먹듯이 맛있게 먹는 광경은 한 폭의 명화를 보는 것 같다.
　식사가 끝나면 옆에 있는 카페로 이동해서 아메리카노, 에스프레소, 카페라떼, 카푸치노, 녹차라떼, 생강차, 아이스크림 등을 먹고 마시며 이야기꽃을 피운다.

그런 다음, 사무실로 올라가서 바둑 장기, GS 등 수담(手談)을 하면서 재미있게 놀다가 저녁식사까지 하고 오후 8시경에 귀가한다.

미국 예일대와 캘리포니아대가 공동연구로 7천명을 9년 동안 추적 조사한 결과 건강에 좋다는 그 어떤 것보다도 결정적인 영향을 미치는 것이 '친구의 수'였다고 한다. 친구가 적은 사람일수록 병에 취약하고 수명이 짧았으며, 친구가 많을수록 서로 인생의 희노애락을 논하며 위로를 받고 반갑게 지냄으로써 병도 안 걸리고 오래 살았다는 것이다.

육사 16기 화랑동기생들의 수요 오찬 모임이야말로 보약 한 재를 먹는 것보다 더 효과가 있다고 자신 있게 말할 수 있다.

다음은 2018년 2월 28일(수요일) 내가 주관했던 수요 오찬 시 건배사이다.

건배사(乾杯辭)

여기에 모이신 여러분들께서는 젊어 보이고, 건강해 보이십니다. 이를 감축 드립니다.
그런데 다른 사람들이 우리들을 보고 고령자, 노인, 또는 어르신이라고 부른다는 것은 엄연한 사실입니다. 엄연한 사실이라 함은 여러 가지 철학적 상념들이 함축되어 있다는 뜻입니다.

어르신의 기본 덕목은 품격 있는 언행이라고 합니다. 어르신이 잔소리가 많거나, 자기주장만을 고집하거나, 짠돌이라면 존경을 받기가 어려울 것입니다. 그래서 우리는 입은 닫고, 지갑은 열어야 합니다.

"병든 황제보다 건강한 거지가 더욱 행복하다." 이 말은 독일의 유명한 철학자 쇼펜하우어가 건강을 강조하면서 한 말입니다. 누구나 건배사에서 건강을 제1의 가치로 말씀들 하십니다. 그런데 우리는 지금까지 건강하게 지내오며 이 나이가 되도록 살만큼 살았으니, 여기서 저는 건강에 중요한 한 가지를 덧붙이고자 합니다.

건강하게 잘 지내던 분이 어느 날 갑자기 쓰러져서 거동도 못하고 한 3년 동안 병고에 신음하다가 돌아가셨다고 가정해 본다면, 그 3년 동안 본인은 물론 가족까지 얼마나 고통이 심하였겠습니까? 이 병든 기간은 삶의 의미가 없기 때문에 수명에서 제외되기를 바랄 것입니다. 우리는 쓰러지기 전까지를 건강연령이라고 하며, 여기에 쓰러진 이후의 3년을 보탠 것이 수명입니다.

가급적 건강연령과 수명이 일치할 때, 품위 있게 생을 마감할 때, 우리의 삶은 복된 삶이 될 것이며, 우리의 죽음은 축복받은 죽음이 될 것입니다.

또 어르신이 매일 짜증을 내거나, 스트레스를 받거나, 화를 내고 계신다면 그 삶 또한 고달픈 삶이요 무의미한 삶이 될 것입니다. 따라서 우리는 모든 욕심을 내려놓고 마음을 비워야 하며 거슬리더라도 모른 체하고, 긍정적(肯定的)인 마인드를 가져야 하겠습니다.

지금까지 장황하게 공자님들께 문자를 써서 대단히 죄송합니다. 그럼 이상 내용을 종합해서 간단히 건배사를 말씀드리겠습니다. 위 판결문은 유인물을 참조해 주시고, 아래 주문(主文)만 말씀드리겠습니다.

여러 어르신들께서는 언제나 존경받으시며, 품위 있고 건강하되 가급적 수명과 건강연령이 일치하게, 또한 매일 매일 즐겁고 행복하게 지내시기를 기원합니다. 이를 위하여!!

노블레스 오블리주

노블레스 오블리주(Noblesse Oblidge)는 프랑스어로 '귀족은 의무를 갖는다'는 뜻이다. 보통 부와 권력과 명성은 사회에 대한 책임이 따른다는 의미가 있다.

"혜택 받은 자들의 책임" 또는 "특권 계층의 솔선수범"이란 뜻의 이 말은 사회 지도층이 책임 있는 행동을 다할 것을 강조하는 말이다. 이 말은 초기 로마시대에 왕과 귀족들이 투철한 도덕의식과 솔선수범의 공공정신을 보인 것에서 유래했다.

14세기 백년전쟁 당시 프랑스의 도시 '칼레'가 영국군에게 포위당해 항복하게 된다. 후에 영국 왕 에드워드 3세에게 자비를 구하는 칼레시의 항복 사절단이 파견된다. 영국 왕은 "모든 시민의 생명을 보장하는 조건으로 누군가가 그동안의 반항에 대해 책임을 져야한다"면서 이 도시의 대표 6명이 교수형으로 처형되어야 한다고 명한다. 칼레시민들은 혼란에 처했고 누가 처형을 당해야 하는지를 논의했다. 모두가 머뭇거리는 상황에서 칼레시에서 가장 부자인 외스타슈 드 생 피에르(Eustache de St Pierre)가 자청했다. 이에 뒤이어 시장, 상인, 법률가들도 처형당하기를 자처했다. 그들은 다음날 처형당하기 위해 교수대에 모였다. 그러나 임신한 왕비의 간청을 들은 영국 왕은 여섯 명의 희생정신에 감복하여 그들을 살려주었다. 이 이야기는 역사가에 의해 기록되었고 높은 신분에 따른 도덕적 의무인 '노블레스 오블리주'의 상징이 되었다.

초기 로마 공화정의 귀족들은 솔선하여 명장 한니발이 지휘한 카르타고 군과 벌인 포에니 전쟁에 참여했다. 16년간의 제2차 포에니 전쟁 중에는 13명의 집정관(Consul)이 전사했다. 집정관은 선거를 통해 선출된 고위공직자로 귀족계급을 대표하며 로마 공화정의 관리 중에서 가장 높은 관직이었다. 또한 로마에서는 병역 의무를 실천하지 않은 사람은 호민관이나 집정관 등의 고위 공직자가 될 수 없었을 만큼 노블레스 오블리주 실천을 당연하게 여겼다.

고대 로마에서는 자신의 재산을 들여 공공시설을 신축하거나 개보수한 귀족에 대해서 그의 이름을 붙여주었는데 귀족들은 이를 최고의 영광으로 생각하였다. 또한 법을 제안한 정치인의 이름을 따서 법의 이름을 만들었다.

고대 로마의 부자들은 자신의 재산을 군자금으로 기부하였는데 제1차 포에니 전쟁 당시 군선 200척을 건조하여 전쟁을 승리로 이끌었다.

이렇듯 지배계급인 로마의 귀족들이 사회적인 의무를 충실하게 실천하는 전통은 로마 사회의 통합을 이루었다.

고대 로마의 이 전통은 미국에도 전승되었다. 미국 법령에 제안자의 이름을 따서 "맥케인-파인법"(McCain-Feingold Act) 같이 법률 명칭을 부른다던가, 카네기멜론대학교, 존스홉킨스대학교 식으로 설립자의 이름을 붙인 대학 등이 미국에 현존한다.

  1941년 케네디는 하버드대학 법과대학원 재학 중 육군장교 와 해군장교 후보생 시험에서 잇따라 불합격했다. 그는 억만장자 아버지에게 애절한 편지를 썼고 아버지는 정계와 군의 인맥을 움직여 아들을 해군에 입대시켰다. 모두가 2차 세계대전에 참전하는데 이 국민대열에서 낙오하게 되면 장래 나라의 지도자는커녕 어떤 공직에도 갈 수 없는 것이 당시 미국의 도덕률이었다.

  트루먼은 안경이 없으면 거의 앞을 보지 못하는 지독한 근시였다. 그런 그가 1차 세계대전에서 포병 대위로 프랑스에서 싸웠다. 시력검사표를 달달 외워서 신체검사를 통과한 덕분이다.

  케네디와 트루먼의 이야기는 어수룩하게 보이는 미국이 사실은 무서운 나라라는 것을 보여준다.

  루즈벨트 대통령의 아들은 2차 세계대전 때 해병대 제2기습대대에서 복무 중 마킨제도의 일본군 기지를 기습하는 매우 위험한 작전을 앞두고 이 작전에서 제외한다는 통보를 받았다. 그 이유는 만약 현직 대통령의 아들이 일본군의 포로가 되거나 전사하게 되면 일본군은 이를 대대적으로 선전하고 전쟁에 이용할 것이기 때문이었다. 그러나 그는 완강히 거절했다. 니미츠 해군제독까지 나서서 설득했지만 실패하자 루즈벨트 대통령에게 이를 만류토록 건의했다. 대통령은 해군 참모총장 킹 제독에게 "내 아들이 위험한 특공작전에 가지 않는다면 누가 그 작전에 가겠는가?"라며 특공작전에 그를 참가시킬 것을 지시했다. 루스벨트 대통령의 네 아들은 모두 이런 식으로 2차 세계대전에 참전했다.

미국의 입장에서 보면 자신들과는 상관없었을 한국전쟁에서 모두 139명의 군 장성 자제들이 한국전쟁에 참전하여 그 중 35명이 전사하거나 부상을 당했다.

그들 중에는 1952년 대통령에 당선된 아이젠하워 육군 원수의 아들과 제3대 유엔군 총사령관이었던 마크 클라크 대장의 아들도 포함되어 있었다.

미 8군사령관 제임스 벤플리트 대장의 외아들은 야간 폭격기 조종사로 작전 수행 중 북한군의 대공포화에 의해 전사했다.

워커장군은 아들과 함께 한국전에 참전했으며 스스로는 목숨을 잃었다.

미 육군 제24사단장 딘 소장은 부상당한 부하에게 물을 떠다주려고 언덕 밑으로 내려갔다가 적군에게 포로가 되었다. 그는 86Kg의 체중이 2개월만에 58Kg가 되었다고 한다.

하버드대학 교내 교회 벽에는 한국전에 목숨을 바친 하버드 출신 병사 17명의 이름이 동판으로 새겨져 있다. 미국의 한 도시에서 한 사람이 나올까말까 하는 미국의 희망들을 남의 나라 한국의 자유를 위해 내보냈다. 이것이 그들의 전통적인 노블레스 오블리주다.

이 글을 읽고 우리나라 상위 계층들은 과연 이와 같은 경우 자기 자식들을 남의 나라는 고사하고 내 나라를 위해서 흔쾌히 사지로 내보낼 수 있을까 묻고 싶다.

영국에서는 왕실 및 귀족들을 대상으로 시행하는 징병제가 이에 해당된다. 그들의 자녀들은 반드시 영국 병역법과 왕실 내부 규율에 따라 희망하는 일시에 장교로 군복무를 마치도록 되어있다.

포클랜드 전쟁에서 앤드류 왕자가 헬리콥터 조종사로 참전했으며, 영국 찰스 왕세자의 둘째 아들 해리 왕자는 아프가니스탄에서 군인으로 복무했다.

영국 왕실은 노블레스 오블리주를 실천하기 때문에 입헌군주제가 계속 될 수 있다고 한다.

제1차 세계대전이 막바지를 향하여 치닫고 있었던 1916년 6월, 영국군은 프랑스 북부 솜강지역 전투에 25개 사단을 투입했다. 돌격명령과 함께 영국의 젊은 병사들이 40Kg 가까운 군장을 짊어지고 독일군 기관총 총구를 향해 온몸을 드러낸 채 진흙탕 속으로 달려 나갔다. 대열의 앞장을 선 것은 귀족 또는 옥스퍼드와 케임브리지 대학 출신의 젊은 소위들이었다. 전투 첫날 7만 여명의 영국군이 전사했다.

그로부터 30년이 지난 1950년대에 차례로 영국 총리를 지낸 애트리, 이든, 맥밀런이 이런 지옥과 같은 전투의 생존자들이었다. 세 사람은 전쟁이 끝나고 대학에 복학했으나 함께 전쟁에 나갔던 학우의 1/3은 끝내 학교로 돌아오지 못했다.

50세 이하 영국 귀족의 20%가 1차 대전에서 전사했다. 귀족과 명문대학 출신의 전사자 비율은 노동자 농민보다 높았다고 한다.

현재 영국 여왕인 엘리자베스 2세는 1945년 아버지 조지 6세의 허락을 얻어 또래 소녀들이 봉사하고 있는 영국 여자 국방군의 구호품 전달 서비스 부서에서 군복무를 하였다. 이것이 발단이 되어서 영국은 징병제를 폐지시켜도 영국 왕실 및 왕실에 속한 귀족들은 반드시 왕실 내부 규율과 영국 병역법에 따라 장교의 신분으로 군복무를 하도록 규정해서 노블레스 오블리주를 실천하고 있다.

우리나라에서 노블레스 오블리주의 대표적인 인물은 독립운동가 이회영 선생과 그의 형제들이 있으며, 조선시대 선비로서 의병활동을 한 분들이다.

거상 김만덕은 조선 정조 당시 흉년으로 식량난에 허덕이던 백성들에게 전 재산을 들여 쌀을 사서 분배했다.

최재형 선생은 연해주에서 군수업으로 벌어들인 막대한 재산의 대부분을 독립운동에 사용했다.

김좌진 장군은 집안의 노비를 해방하고 민족적 자립을 위한 무장투쟁을 이끌었으며, 교육사업도 활발히 펼쳤다.

경주 최부자는 백리 안에 굶는 이가 없도록 곡식을 나누어주었다.

 유일한은 유한양행을 설립하여 번 돈으로 유한공업고등학교를 설립하였다.

 이처럼 우리나라에서도 노블레스 오블리주를 실천한 훌륭한 사례들이 많이 있었다.

 그럼에도 불구하고 대한민국에서는 사회 저명인사나 상류계층의 병역기피가 매우 오래된 병폐로 잔존하고 있다. 우리나라 국민들의 평균 병역 기피율이 4%대인데 굴지의 모 회사 임원들의 병역 미필자 비율이 무려 78%에 달한다고 한다. 심지어 국회의원, 장관, 국무총리, 대통령 역임자까지도 병역 미필자가 부지기수다. 휴전중이며 적과 대치하고 있는 분단국가에서 개탄을 금치 못할 수치스러운 일이 아닐 수 없다.

 사지 멀쩡한 청년들이 종교적 양심이란 미명하에 병역을 거부하고 있다. 또 이들을 무죄로 판결하고 있다. 그렇다면 불행한 장애인이나 돈 없고 빽 없는 서민들만 군대에 가서 적과 싸우라는 말인가?

 어린애를 물려고 달려드는 독사를 몽둥이로 후려치거나 총으로 쏘아 죽이는 것은 당연한 일이지, 어찌 양심적으로 거부해야 할 일인가? 정당방위가 어찌 법적, 도덕적, 양심적으로 거부해야 할 사안인가? 적으로부터 국민의 생명과 재산을 지키는데 자기는 집총을 거부하고 남에게 싸워달라는 논리가 어찌 양심인가? 철학에서도 적과 같은 더 큰 죄를 물리치기 위한 총질은 "더 작은 죄"라고 해서 정당방위처럼 용인되고 있음을 모르는가? 헌법에 명시된 병역의 의무를 거부하는 것은 헌법과 병역법 위반행위지 어찌 양심의 문제인가?

군 복무는 인생수련이다. 청춘을 허송세월한다는 썩은 생각을 버려라. 사교육으로 거액을 지불하거늘 돈 안들이고 사람 되어 나오는 곳이다.

여자 양궁선수들이 군부대에서 유격훈련을 할 때에는 세계대회에서 금메달을 휩쓸었다. 저명인사들은 이구동성으로 군 생활이 성공의 밑천이었다고 말한다.

나성후 작가가 쓴 '양심적 병역거부'란 제목의 시조를 소개하면 다음과 같다.

군대에 가기 싫어 온갖 논리 동원한다
양심적 병역 거부 그게 어디 양심인가
의무는 행하지 않고 국민이라 하느냐

나라가 있어야 국민이 있지 않나
누군가 희생하여 공동체 지키는 것
선열들 목숨 걸고서 지킨 나라 아니냐

안보에 공짜 없다 대가를 치러야지
누군가 해줄 거라 막연히 기대마라
나부터 양심을 다해 병역 이행 해야지

현역 미필자는 병역기피자이든지 현역부적격자이든지 간에 지자체장, 국회의원, 장관, 국무총리, 대통령이 절대로 될 수 없어야 한다. 뿐만 아니라 3급 이상의 공직에 오를 수 없도록 해야 한다. 젊었을 때 병역을 기피하거나 현역군인도 될 수 없는 사람이라면 너무나도 당연한 논리가 아닌가?. 그러므로 이상 내용을 법률로 제정하여 제도적으로 노블레스 오블리주를 정착시켜야 마땅하다고 강력히 주장하는 바이다.

고대 로마에서도 이렇게 했는데, 미국이나 영국에서도 하고 있는데, 우수한 우리 민족의 대한민국에서는 왜 못한다는 말인가?

전승의 요체
戰勝　　要諦

　많은 사람들이 전쟁에서 승리하기 위해서는 병력이나 무기가 적보다 우위에 있어야 한다고 말한다. 또한 이 말을 듣고 고개를 끄덕이며 공감하는 분들이 의외로 많다. 그러나 이는 옳은 말이 아니다.
　마찬가지로 언론에서 적의 전투기나 전함, 전차 등이 수적으로 우리보다 월등하게 많기 때문에 전력(戰力)의 약세가 우려된다는 식으로 보도한다면 이는 올바른 표현이라고 할 수 없다.

　전력에는 유형전력과 무형전력이 있다. 유형전력은 눈에 보이는 병력, 무기, 장비, 물자 등이다. 무형전력은 군인정신, 사기 등과 같이 부여된 임무를 능동적으로 완수할 수 있는 조직화된 전투 의지이다.
　무형전력을 세분하면 전기 숙달, 무기 조작 능력 등의 기술전력, 지휘관의 지략, 지휘통솔력, 전략 등의 운용전력, 장병들의 사기를 본질로 하는 정신전력 등으로 나눌 수 있다.

　임진왜란시 이순신 장군은 명량해전에서 13척의 열세한 유형전력으로 왜적의 133척 이상의 함대를 격파시키고 해전사에 길이 빛나는 대승을 거뒀다.

이 전투에서 이순신 장군은 명량해협의 울돌목으로 왜적을 유인했다. 울돌목은 모든 바다 중 조수간만의 차가 가장 심하며 암초가 많아 폭이 좁고 유속이 빨랐다. 울돌목 양쪽 육지에 매복시켰던 장정들이 물레를 돌려댔다. 물레에 연결된 채 바다 속에 늘어져 있었던 쇠줄이 팽팽해지면서 위로 당겨졌다. 왜선의 밑바닥이 뾰족한 것을 이용한 철쇄전법(鐵鎖戰法)이었다. 여기에 앞장섰던 왜적의 선두함이 걸렸다. 빠른 조류를 타고 달려오던 다른 배들이 그 뒤를 충돌하기 시작했다. 연달은 추돌현상으로 왜선들이 부서지고 급속도로 전형이 무너져갔다. 혼란에 빠진 왜선들을 향해 일제 공격이 벌어졌다. 붉은 갑옷을 입은 채 죽은 적장의 목을 베어 내걸었다. 이때 왜군들은 동요하기 시작했다. 또한 조류가 우리 수군의 순류 쪽으로 유리하게 바뀌자 전세는 완전히 아군 쪽으로 기울었다. 왜군들은 결국 퇴각하기 시작했다. 그래서 대승을 거뒀다.

이순신 장군이 왜군과 싸운 전투는 대략 열일곱 차례인데 이 전투에서 모두 승리했다. 이러한 전과의 요체(要諦)는 그의 인격, 전술, 지략과 용기, 지휘통솔력 등 무형전력이라 할 수 있다.

중국 남송 때 한세충(韓世忠)이라는 장군은 8천 명의 병사로 10배가 넘는 금나라의 10만 대군을 물리친 명장이다. 이런 전과를 올릴 수 있었던 것은 한세충 장군의 지휘능력도 출중했지만, 그 부인의 내조도 컸다고 생각한다. 아내 양홍옥(梁紅玉)은 손수 만두를 빚어 병사들에게 나눠주고 다녔다. 하지만 군사의 수효가 많아서 넉넉히 나눠줄 수가 없었다. 그 때마다 그녀는 "양이 많지 않으니 마음(心)에 점(點)이나 찍으세요"라고 말했다. 여기서 '점심'이란 말이 유래했다고 한다. 이로 인해서 병사들이 눈물겹도록 고마움을 느꼈으며, 사기가 충천하여 생명을 바쳐 싸우겠다는 결의를 다졌다고 한다.

  내가 육사생도 4학년 때 전사 강의 시간에 들었던 내용이라 다소 정확성에는 자신이 없으나, 그 때 감명 깊게 들었기 때문에 기억을 더듬어 쓴 것임을 양지 바란다. 미국 남북전쟁 때 게티스버그 전투에서 북군의 그란트 장군이 남군의 리 장군과 맞서 지구전을 펼쳤다. 리 장군은 먼저 첫날에 북군의 우익을 쳐보았다. 둘째 날에는 좌익을 쳐보았으나 모두 전과를 거둘 수 없었다. 삼일 째 되던 날에는 최후로 중앙 공격을 시도했지만 이도 역시 실패하고 말았다. 이 때 양쪽 장병들은 수면부족, 배고픔, 피로 등으로 기진맥진한 상태였다. 그 과정에서 북군 참모들이 그란트 장군에게 "장병들이 너무나 힘든 상태이니 후퇴 하시지요"라고 건의했다. 사령관은 "적도 마찬가지로 힘들다. 참고 버텨라. 그리고 힘내라. 지구력 싸움이다."라고 단호히 명령했다.
  결국 남군은 더 버티지 못하고 후퇴하기 시작했다. 이 때 사기충천해진 북군들이 사력을 다해 추격전을 벌여 대승을 거뒀다, 이 전투로 대세는 북군으로 돌아갔으며 전쟁을 승리로 종식시켰다. 전투 중 극한 상황에서의 지구력(持久力)을 군사술어로 〈그란트의 철학〉(Grant's Philosophy)이라고 한다.

군에서 유능한 지휘관을 양성하기 위해서, 우수인재 선발과 아낌없는 투자라는 두 가지 면에서 그 가치가 매우 크다고 생각한다. 그 하나는 무형전력 제고로 유사시 전승의 목적을 달성하기 위해서이다. 또 하나는 국민의 수준과 품격을 높이기 위함이다.

젊은이는 누구나 현역으로 입대한다. 군 복무기간은 청춘을 썩히고 있는 시간이 아니다. 고가의 사교육비를 들이는 학원 공부가 아니라 돈 안들이고 체득하는 인생공부의 중요한 수련 과정이다. 그러므로 학원 강사가 아니라 인생수련의 교수 역할을 하여야 하는 군 지휘관들의 인품이 고매하고 질이 높아야 하기 때문이다.

유사시 유형전력이 필요함은 물론이다. 많을수록 좋다. 그러나 갈릴레이가 중얼거린 "그래도 지구는 돈다."는 말의 일화처럼 그래도 전승의 요체는 무형전력이다. 〈전쟁론〉의 저자 카알 폰 클라우제비치도 전쟁의 승패를 좌우하는 요체는 무형전력이라고 말했다. 나폴레옹은 전승의 90% 이상을 무형전력이 좌우한다고 주장했다. 나도 그렇게 생각한다.

모든 사람이 먼저다

 노무현 전 대통령은 〈사람 사는 세상〉을 통치철학으로 삼았다. 그가 생각하는 이상적인 사회는 더불어 사는 사람 모두가 먹고 입는 걱정 좀 안하고, 더럽고 아니꼬운 꼴 좀 안 보고, 그래서 매일 매일이 좀 신명나는 세상이라고 생각했다.
 사람들은 예나 지금이나 상식, 원칙, 법이 제대로 지켜지는 나라를 원한다. 원칙과 상식이 통하는 사회, 열심히 일하면 땀 흘린 만큼 잘 사는 사회, 이것이 바로 그가 꿈꾸는 새로운 대한민국이라고 주장했다. 그가 꿈꾸던 세상을 만들기 위해 지역주의에 맞섰고, 기득권 내려놓기와 탈권위주의를 실천했다. 그러나 그의 수많은 정치 실험들은 번번이 가로막혔다. 10년이 지난 지금 '사람 사는 세상'을 이루기 위한 노 전 대통령의 못 다한 꿈은 아직도 이루어지지 못하고 있다. 대학교수가 자신의 연구논문에 자기 아들을 공동연구자로 끼워 넣은 일이 있었다. 국회의원이 자신과 관계있는 사람들을 공공기관에 취업 청탁한 사건도 있었다. 최저임금이 나라 경제를 망친다면서도 자신들의 세비는 은근슬쩍 인상하는 국회의원들의 행태는 국민들의 눈살을 찌푸리게 했다. 국민들의 세금으로 관광성 외유를 멈추지 않는 지방의원과 국회의원들의 행태는 지금도 여전히 진행 중이다.

장자연 사건이나 버닝썬 사건에서 보듯이 경찰이나 검찰은 자정 능력이 없고, 권력에는 충실한 하수인으로서의 역할을 다하는 추한 모습이다. 그러나 힘없는 시민들에게는 추상같이 법과 원칙을 적용하는 삐뚤어지고 악랄한 권력기관으로 군림하고 있다.

〈사람이 먼저다〉, 이는 문제인 대통령의 자서전 제목이기도 하며, 대통령 후보시절 슬로건이었다. 그런데 이 슬로건은 몇 가지 저항에 직면해 있다.

첫째로 문재인 대통령의 "사람이 먼저다"에서 '사람'은 인간 자체를 의미하는 것이 아니라 노동자, 농민과 같은 하층민들만을 의미한다는 주장이다. 북한에서는 주체사상을 "사람중심 철학"이라고 말한다. 문재인이 내세운 인본주의 사상은 김일성 주체사상과도 맞닿아 있다는 것이다. 소련이 해체될 무렵부터 북한은 주체사상을 내세웠다. 주체사상은 물질 대신 인간 주체의 우선성을 강조하여 유물론을 신종 마르크스주의적 관념론으로 만들기 위해 다시 그 주체를 수령으로 바꿔치기 했다. 그리하여 모든 사람이 수령에 복종하는 북한식 전체주의를 탄생시켰다. 이를 '사람중심의 주체사상'이라고 부른다.

둘째로 자기사람 중심이라는 주장이다. 코드인사, 패거리 인사 등 인사문제를 보면 모든 사람 중심이 아니라 자기 패거리 중심이라는 것이다.

 그래서 나는 '사람이 먼저다'가 아니라 '모든 사람이 먼저다'라고 주장한다. 사람이 노동자 농민만을 의미하거나 자기 패거리만를 의미한다면 공감을 얻지 못할 것이다. 그러나 자기 아닌 다른 모든 사람을 공평하게 지칭한다면 그 이상 더 좋을 수가 없다고 생각한다.
 '모든 사람이 먼저다'라는 의미는 독선과 아집이 배제되어 있다, 반면에 평등과 배려, 포용과 베풂, 타협과 협치가 내포되어 있다.

올바른 가치 판단

 인간의 행동을 연구하는 모든 학문은 가치(價値)를 가장 중요하게 다룬다. 그래서 가치에 대한 과학적 규명이 활발하게 진행 중이다. 가치에 대한 관심의 증대는 학문뿐만 아니라 실제적인 면에서 더욱 배가되고 있다.

 우리는 무엇을 할 것인가를 생각하며 활동하고 있다. 이처럼 우리가 해야 할 일이 무엇인가를 반문하는 의식의 근저에는 가치의 경중과 유무를 분간해서 행동하겠다는 전제가 깔려있다. 따라서 당위(當爲)의 문제는 곧 가치 탐구의 문제로 귀결된다.

 그러면 가치란 무엇이며, 가치판단을 올바르게 하기 위해서는 어떻게 하여야 할 것인가?

 가치란 원래 수학과 경제학의 용어로 사용되었던 것이 철학적 용어로 발전한 것이다. 수학에서 가치란 '값' 즉 수치를 말한다. 경제학 용어로 사용되고 있는 가치란 '인간의 욕망 충족에 대한 재화의 중요도'로 정의되며 가격과는 구별해서 쓰고 있다. 가치는 재화나 상품의 속성, 즉 가격의 배후에 있어서 가격을 뒷받침하고 있는 속성인 것이다. 따라서 가격이 현상적인데 반하여 가치는 본질적이고 잠재적인 것으로 화폐적 표현을 떠난 존재이다.

후자를 교환가치라고 불렀다. 한편 가치는 사용자의 입장에서 본 가치와 매매하는 사람의 입장에서 보는 가치의 두 가지로 구별된다. 영국의 고전학파 경제학에서는 전자를 사용가치, 오늘날에는 전자를 효용가치, 후자를, 밀(J. S. Mill)이 지적한 대로, 가치라고 부르는 것이 보통이다. 이렇게 주로 경제학자들의 전용어였던 가치란 말이 드디어 철학적 용어로 발전하게 되었다.

19세기 후반기에 이르러 과학이 현저하게 발달함에 따라서 형이상학이 불신을 당하게 되었다. 그래서 그 당시 지배적이었던 헤겔의 철학에 대하여 반기를 들기 시작했다. 헤겔의 형이상학을 버리고 칸트의 인식론을 재인식하자는 운동이 일어났다. 우리가 신칸트학파라 함은, 또한 생철학에 대한 가치철학이라 함은 바로 이를 지칭하는 것이다.

가치의 개념에 대하여 여러 철학자들이 주장한 내용들을 요약하면 "보람 있는 것이다." "우리의 욕망을 만족시켜주는 것이다.", "보편타당성을 가진 것이다.", "인간의 이상의 별명이다.", "우리의 규범이다.", "진(眞)이라든가 선(善)이라든가 미(美)라든가 하는 이상을 말하는 것이며, 절대로 과학의 대상이 될 수는 없는 것이다." 등등 여러 가지로 주장되어 왔다.

그 중에서도 미국의 신실제론 철학자인 랄프 페리(Ralph Balton Perry)는 "사물이 사람들에게 관심의 대상이 될 때 고유하고 일반적인 의미에 있어서 그 사물은 가치를 가진다. 또는 가치가 있다."고 정의했다.

이상의 모든 학설을 종합하여 나는 다음과 같이 가치에 대한 정의를 내리고자 한다. "가치란 사물이 우리의 욕망을 만족시켜주고, 관심의 대상이 될 때, 그 사물은 가치를 가진다. 또 절대적인 가치로 진, 선, 미, 성(聖)이 있다." 종교적으로 가치의 최고봉은 성이라 할 수 있으나, 인간 만사에 있어서의 최고 가치는 건강이라 할 수 있다.

무릇 인간의 생활이란 한마디로 말해서 가치를 창조하고, 추구하고, 실현하는 줄기찬 노력의 체계라고 할 수 있다. 그러나 이 명제가 누구에게나, 언제나 반드시 진이라고 할 수 없다는 데에 문제점이 있다. 이 문제점이 생기는 이유는 가치판단의 오류에 기인한다. 따라서 우리들은 오류를 범하지 않는 올바른 가치판단을 하여야 하며, 올바른 가치판단의 당위성이 바로 여기에 있는 것이다.

가치판단 오류의 원인은 다음 네 가지로 요약할 수 있다.

먼저 무지(無知)를 들 수 있다. 어린이가 몇억 원짜리 보석보다 몇백 원짜리 사탕을 선호하는 것은 어느 것이 더 가치가 있는지 모르기 때문이다.

다음은 관습을 들 수 있다. 이중과세라든지, 고사를 지내는 문제라든지, 기타 의식주나 풍속에 이르기까지 우리에게는 많은 관습이 있다. 이러한 관습 중에는 합리적이고 건전한 미풍양속도 있지만 반면 불합리하거나 혹은 미신도 있다. 분명히 불필요하거나 불합리하거나 혹은 미신인줄 알면서도 무시할 수 없는 것이 또한 관습이기도 하다. 이로 인해 가치판단의 오류를 범하는 예가 많음은 물론이다.

셋째로는 이기심이다. 분명히 갑이라는 인물이 전체 선거구민을 위해서나 국가를 위해서 적임자인 줄 알지만, 실제로는 자기가 잘 아는 사람이나 친척인 을을 추대하고, 가장 적임자라고 선전하며, 한 표를 찍는다. 또 자기가 잘못하여 꾸중을 들었다는 이유만으로 윗사람을 비방하는 예가 그것이다.

끝으로 들 수 있는 것은 가짜뉴스다. 유튜브나 SNS 또는 기타 매체를 통해서 '카더라' '아니면 말고'식의 가짜뉴스가 홍수처럼 쏟아져 나와 판을 치는데, 이것이 진짜인지 가짜인지 판별하기가 쉽지 않기 때문에 가치판단에 오류를 범하게 된다.

올바른 가치판단을 위해서는 폭 넓고 깊은 지식과, 해맑은 지혜, 완숙한 경륜, 고매한 인품의 소유자가 되어야 한다. 열성을 다해 지식을 쌓고 수양을 게을리 하지 말아야 할 이유가 바로 여기에 있는 것이다.

이상으로 가치의 정의, 올바른 가치판단의 당위성, 가치판단 오류의 원인, 올바른 가치판단의 조건을 살펴보았다. 가치판단을 올바르게 하는 것은 매우 중요하다. 그러나 그 판단한 결과를 용기 있게 실천하는 것은 더욱 중요하다. 올바른 가치판단 결과를 실천함으로써만이 비로소 그 올바른 가치판단의 진가가 빛을 발할 수 있기 때문이다.

제3부, 자연

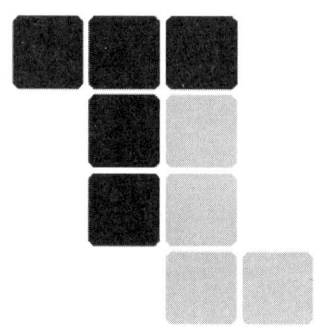

자연의 섭리는 위대하다.

자연은 인간이 흉내낼 수 없는
불후의 예술작품이다.

숲은 신의 최초 신전이었다.

항상 맑으면 사막이 된다
비가 내리고 바람이 불어야
비옥한 땅이 된다.

자연은 신의 묵시(默示)이며
예술은 인간의 묵시이다.

자연은 신을 보여주는 거울이다.

자연의 극치는 사랑이다. 사랑에 의해서만
사람은 자연에 접근할 수 있다.

봄이 오면

경인년(庚寅年)을 마감함에 있어 맹호(猛虎)의 포효(咆哮)를 상징하는 듯 지난겨울은 유난히도 추웠고 눈도 많이 왔다. 그러나 그 어둡고 음산했던 겨울의 긴 터널을 지나 이제는 신묘년(辛卯年)의 따스하고 푸른 봄이 서서히 찾아오고 있다.

만물이 소생하고 생동감이 넘치는 봄처럼 우리의 몸과 마음도 건강하고 즐거움이 충만하기를 기원하는 뜻에서 찾아오고 있는 봄을 찬양코자 한다.

겨울이 찌푸리고 성난 얼굴 같다면 봄은 미소를 띤 온화하고 재애로운 얼굴과 같다고 할 수 있다. 봄은 따뜻하고 포근함으로 어머님의 손길과 같다. 봄은 푸르고 싱싱하며 아름다운 자태를 뽐내는 꽃들이 만발하므로 마음씨 곱고 아리따운 소녀의 눈동자에 비유할 수 있다.

봄이 오면 얼었던 땅이 풀리면서 새싹이 나온다. 또 발가벗은 나무에서 꽃이 먼저 피기도 하고, 잎이 나오기도 한다. 강남 갔던 제비가 돌아와서 시골집 처마 밑에 집을 짓고 알을 낳아 새끼들을 부화시켜 열심히 먹이를 물어 나른다. 들에는 여인들이 냉이, 쑥, 씀바귀 등의 나물을 캐는 모습이 신선하고 활기차다. 종달새 노래 소리와 멀리서 들리는 꿩 우는 소리가 메아리친다.

  나는 임진강변 산속에 집을 한 채 갖고 있다는 것을 무척 복되게 생각한다. 그 곳에 가면 맑은 공기, 좋은 물, 수려한 경치로 인해서 귀경의 일정을 며칠씩 늦추곤 한다.

  특히 봄이 오면 앞산에는 진달래, 울타리에는 개나리, 정원에는 백목련, 자목련, 자두꽃, 살구꽃, 사과꽃, 배꽃, 모과꽃, 앵두꽃, 영산홍, 철쭉 등 갖가지 꽃들이 만발한다. 새들이 노래하고 노루, 산토끼들이 뛰노는 에덴동산이 전개된 데에서 휴식을 취할 수 있다는 것은 참으로 행운이 아닐 수 없다.

  봄이 오면 고목에도 꽃이 핀다. 이는 우리에게 시사 하는 바가 크다. 독일의 유명한 철학자 쇼펜하우어가 말하기를 "인간의 봄은 마음먹기에 달려있다."고 하였다. 그렇다. 우리들의 몸은 비록 늙었으나 마음먹기에 따라서는 청춘과 같은 인생의 봄을 누릴 수 있다는 뜻이다.

  피천득 선생의 〈봄〉이란 제목의 수필을 보면 "민들레와 바이올렛이 피고 진달래 개나리가 피고 복숭아꽃, 살구꽃 그리고 라일락, 사향장미가 연달아 피는봄 이러한 봄을 40번이나 누린다는 것은 작은 축복은 아니다. 더구나 봄이 마흔 살이 넘은 사람에게도 온다는 것은 참으로 다행한 일이다." 라고 썼다.

  마흔 살이 훨씬 지난 나로서는 다음과 같이 말하고자 한다. 하물며 70이 넘은 사람에게도 봄이 온다는 것은 참으로, 참으로 다행한 일이 아닐 수 없다. (2011년 3월 25일)

오월 예찬

나는 1년 중 5월을 가장 좋아한다. 아마도 모든 사람들이 다 그러하리라 믿는다. 특히 5월을 노래한 시들이 국내외를 막론하고 많다는 것은 이를 입증한다고 볼 수 있다.

5월은 춥지도 않고 덥지도 않아 활동하기 좋으며 산과 들이 유난히 푸르다. 5월은 뜻 깊은 가정의 달이어서 일 년 중 가장 좋은 달이다.

기후가 춥지도 덥지도 않으면 활동하기 참 좋다. 공부, 독서, 운동, 여행, 휴식, 수면 등을 하는데 기온 면에서 불편함이 없다. 이는 인간뿐 아니라 모든 생명체에게도 마찬가지다. 모두가 짝짓기도 하고 생기발랄하게 활동도 하며 성장도 한다. 그래서 5월을 예찬한다.

5월은 푸르(綠)고, 푸르(靑)다. 녹음이 짙어가는 산도 푸르며 보리밭 물결도 푸르다. 하늘도 푸르고 강물도 바다도 푸르다.

푸름의 빛깔은 눈의 피로를 덜어주고 희망과 행복감이 넘치는 색이다. 녹색은 환경오염이 없는 청정지역을 의미한다.

영롱하게 푸른 하늘색 보석이 터키석이다. 이 보석은 행운과 행복을 가져다준다고 하여 터키 국민들이 가장 좋아하는 보석이다. 터키 여행 시 나도 큼지막한 터키석 원석들을 구입하여 종로3가 금 전문가게에서 목걸이, 반지, 귀걸이를 순금으로 세팅하느라 과용 좀 했다. 완성된 것을 찾아다가 가족에게 선물하니 입이 귀까지 찢어지며 기뻐했다. 그 모습을 보면서 나도 행복했다. 과연 터키석은 행복을 가져다주는 보석이로구나!

5월의 탄생석은 에메랄드(Emerald)라고 하며 그 의미는 행복과 행운이다. 5월을 노래한 시 중에는 행복과 행운을 노래한 시들이 많다.

중국의 황룡(黃龍)과 천하제일의 수경이라 일컫는 구체구의 에메랄드 빛 호수들을 보면서 우리나라 5월의 산과 들, 하늘과 바다를 연상했다.

5월의 푸름은 인간으로서는 도저히 흉내낼 수 없고 오직 자연만이 연출할 수 있는 푸름이라 할 수 있다. 그래서 5월을 예찬한다.

5월은 가정의 달이다. 가족관련 법정기념일이 모두 5월에 모여 있다. 어린이날(5일), 어버이날(8일), 스승의 날(15일), 성년의 날(5월 셋째주 월요일), 부부의 날(21일) 등이 그것이다.

어린이날은 미래의 희망인 어린이들의 건강과 행복을 축복하기 위해서 소파(小波) 방정환(方定煥) 선생의 덕으로 생긴 날이다. 윤석중(尹石重) 작사 윤극영(尹克榮) 작곡의 어린이날 노래를 불렀던 동심의 추억이 새롭게 떠오른다.

어버이날은 어버이의 은혜에 감사하고 어른과 노인을 공경하는 경로효친의 미덕을 기리는 날이다. 1956년부터 어머니 날로 정했던 것을, 1973년에 형평성에 맞게 어버이 날로 변경했다.

스승의 날은 1958년 충남 강경 여자 중고등학교 청소년 적십자회의 윤석란 학생에 의해 유래되어 5월 26일을 은사의 날로 정했었다. 1965년에는 겨레의 스승이신 세종대왕의 탄신일인 5월 15일로 고쳤으며, 명칭도 스승의 날로 정했다.

성년의 날은 만 19세 성년이 된 젊은이들에게 자부심과 책임의식을 심어주기 위해 제정한 날이다. 성년이 되면 투표권뿐 아니라 사법상 완전한 행위능력자가 된다.

부부의 날은 부부간의 관계를 더욱 사랑이 넘치게 하고 가정의 평화와 화합을 독려하는 취지에서 만든 기념일이다. 둘(2)이 하나(1)가 되라는 의미로 5월 21일로 정했다. 1995년 어린이날에 경남 창원의 권제도 목사가 TV를 보는데 한 어린이가 "우리 엄마 아빠가 함께 사는 게 소원이에요"라고 말하며 울먹이는 장면을 목격하고 큰 충격을 받았다. 이때부터 세계 최초로 부부의 날 기념일 제정 운동을 전개한 것이 그 유래라고 한다.

나는 결혼기념일이 부부의 날과 일치한다. 내가 결혼하고 30여년이 지나서 부부의 날이 생겼기 때문에 선견지명이 있었다는 착각을 해본다.

흔히 5월을 계절의 여왕이라 표현한다. 이는 노천명(盧天命) 시인의 '푸른 5월'이란 시에서 비롯되었다. 그런데 5월은 1월, 2월 하는 월(月)이지 계절은 아니다. 그러므로 5월을 '월의 여왕'이라고 하면 모를까, '계절의 여왕'이라 표현함은 적절치 않다고 생각한다.

　5월은 날씨가 춥거나 덥지 않아 좋아한다고 하였는데 작년부터 아침 저녁으로는 초겨울 같이 추웠고, 한낮에는 삼복더위가 기승을 부리듯 더웠다. 그런데 이런 이상기온 현상이 금년에도 계속되고 있다. 이런 5월을 예찬해야 할지, 말아야 할지 난감할 따름이다. 제발 내년부터는 예찬할 수 있는 5월로 복원되기를 기원한다. (2018년 5월 20일)

(화랑대문인회에서 발간하는 종합문예지 〈화랑대문학〉 창간호에 수록)

국화꽃 연정(戀情)

국화꽃 향기가 그윽한 가을이 오면 학창 시절에 덕수궁 국화 전시회를 관람했던 기억이 새롭게 떠오르곤 한다. 모양과 색깔이 다양한 국화꽃들을 보면서, 자연의 힘과 인간의 기교가 조화의 극치를 연출하였음에 감탄을 금치 못했었다.

당시에는 나라 전체에서 덕수궁 국화 전시회가 전부였으나, 지금은 전국적으로 여러 곳에서 국화꽃 축제가 열리고 있다. 그 곳은 유성, 일산, 조계사, 고창, 당진, 영암, 서울랜드, 장흥, 부산의 평화공원, 가평의 아침고요수목원, 고흥, 마산, 울산, 구미 등지이다.

국화꽃은 5월에서 7월에 피는 하국(夏菊)이 있고, 8월에 피는 8월국, 9월부터 11월에 피는 추국(秋菊), 그리고 12월에 피는 한국(寒菊)이 있지만, 일반적으로 가을을 대표하는 꽃으로는 단연 추국을 꼽을 수 있다. 국화꽃을 사군자의 하나로 보는 것도 추국을 지칭하리라 생각한다.

꽃봉오리의 크기에 따라서 지름이 9cm 이하는 소국(小菊)이라 하며, 지름이 9cm-18cm까지를 중국(中菊)이라 하고, 지름이 18cm 이상을 대국(大菊)이라 한다.

국화꽃은 가장자리가 암술로만 된 꽃이 있으며, 암술과 수술이 함께 있는 꽃이 있다. 전자를 설상화(舌狀花)라 부르며, 후자를 통상화(筒狀花)라고 부른다.

국화꽃의 꽃말은 색깔별로 다르다. 흰색은 성실·진실·감사이며, 노란색은 실망·짝사랑이고, 빨간색은 나는 당신을 사랑합니다, 보라색은 내 모든 것을 그대에게, 분홍색은 정조라고 한다.

국화꽃은 아름답고 향기가 좋기 때문에 관상용으로 각광을 받고 있으며 각종 행사나 의식을 할 때에 다른 어느 꽃보다도 애용되고 있다.

국화꽃은 아무나 갈 수 없는 대통령 집무실, 왕궁, UN총회 회의장에도 의젓하게 자리할 수 있는 권력자의 실세라 할 수 있다.

결혼식장이나 장례식장에 장식해 놓은 국화꽃의 수량은, 부와 직위를 상징하는 것 같다. 3단 조화를 주욱 몇백 개씩 세워 놓았다가 장지에도 가져가지 못하고 버리는 것을 보면, 허세요 낭비라는 생각이 든다.

우리나라에서는 예부터 중양절(重陽節)인 음력 9월 9일에 국화꽃을 감상할 뿐만 아니라 국화꽃잎을 따다가 술을 담그고 화전을 부쳐 먹기도 했다는 기록이 있다.

매년 열리는 일산 고양 세계꽃박람회에 갔더니 국화꽃뿐만 아니라 세계 각국의 온갖 꽃들의 향연이 장관을 이루고 있었다. 어찌나 좋았던지 그 다음 해에도 가서 관람하였다.

일산에는 꽃 축제가 많다. 일산 호수공원 고양 가을꽃축제도 몇 번 관람했고 서울랜드 국화꽃축제에도 가보았다.

그 때마다 느꼈던 점은, 예전과 달리 지금의 국화꽃 축제는 해가 갈수록 더욱 발전되고 있다는 것이었으며, 옛날 아날로 그 시대의 안목으로는 상상을 초월할 정도로 규모면이나, 내용면에서 방대하고 알차다는 것이다.

나는 국화꽃을 참 좋아하고 사랑한다. 그러므로 집에서 국화꽃 화분을 모양과 색깔별로 많이 기르고 있다. 그 자태도 아름답거니와 그윽한 향기는 정말 죽여준다.

몇 년 전부터 부모님 산소에 성묘하러 갈 때에 국화 화분 몇 개씩 가지고 가서 심어 놓았는데 다음 해에 가보면 죽어 있어서 몹시 속이 쓰라렸다.

그 다음 해부터는 국화꽃 기르는 법을 공부하기도 하고 차에 물통, 비료, 농기구 등을 싣고 자주 찾아가서 잘 보살피며 돌봤더니 묘지에 심어놓은 국화꽃들이 아주 탐스럽고 아름다운 자태를 뽐내게 되었다. 잘 가꿔진 아름다운 꽃들을 보면서 얼마나 기분이 좋던지 마치 손자, 손녀들의 재롱을 보는 것 같았다.

가을의 상념

 가을이 오면 여러 가지 생각들이 파노라마처럼 머리에 스친다. 어렸을 때 또래 친구들과 함께 논두렁에서 메뚜기를 잡던 때가 그리운 추억으로 떠오른다. 초등학교 때 운동회 장면도 눈에 선하다. 나는 달음질을 잘해서 뛸 때마다 엄마 아빠로부터 칭찬을 받고 우쭐했었는데, 그날은 넘어져서 꼴등을 하고 울었던 기억이 생생하다.
 초등학교 3학년 때 남녀 공학을 하는 우리 반 학생들이 담임선생님을 따라 야외로 나갔다. 코스모스가 피어있는 시골 길을 걸어서 학교 뒷산 풀밭에서 담임선생님 주관 하에 닭싸움 게임을 했다. 한 다리는 구부려서 한손으로 잡고 한 다리로 뛰면서 구부린 다리의 무릎으로 상대를 밀어서 넘어뜨리는 게임이다. 남학생들이 하다가 여학생 차례가 되었다. 한참을 겨루다가 결국 한 여학생이 벌렁 넘어졌다. 그 여학생의 팬티가 명주천이었다. 그것을 보는 순간 나는 어리지만 야릇한 감정을 느끼며 얼굴이 붉어졌다.
 60년이 지난 후 그 여학생을 만나게 되었다. 세월이 무상하여 할머니가 되었다. 그 자리에서 어렸을 때 추억을 이야기했더니 왜 그때 말해주지 않았느냐며 아쉬움을 토로하는 듯 하였다.

　서울대 학생 시절에 강화도로 가을 소풍을 갔었다. 마니산으로 올라가는 도중에 이씨 성의 모 여학생이 내 점퍼 주머니에 과자 봉지를 넣어주었다. 그런데 뒤에서 이 광경을 목격한 남학생들이 서로 사귄다고 소문을 퍼뜨려서 난처했다.
　세월이 흘러 그 여학생은 박사 학위를 받고 모 대학 교수로 재직하고 있었다. 만혼으로 어린 딸을 안고 서울대 관악캠퍼스 잔디밭에서 있었던 총동창회에 참석했다. 이때 나는 서울대 관악캠퍼스 학군단장이었으므로 가족과 함께 이 총회에 참석했다가 그녀를 만났다. 가족에게 인사시켰다. 서로 담소를 하다가 화장실에 다녀오겠다며 어린 딸을 좀 안고 있으라며 나에게 맡기는 것이었다. 이 때 가족이 왜 애를 당신에게 맡기는지 모르겠다며 뾰로통한 표정을 지었다. 품에 안긴 어린애 얼굴을 바라보면서 야릇한 생각이 들어 얼굴을 붉혔다.

　나는 직업군인으로서 젊음과 일생을 국가안보를 위해 헌신하였기 때문에 가을다운 가을의 낭만은 맛볼 수 없었다. 그러나 전역 후에는 가을에 등산도 하고, 낚시, 사냥 등의 경험과 추억들이 조금은 있다.
　등산이란 산에 오르는 모든 행위를 말한다. 등산을 하는 목적은 심신단련과 자연의 아름다움을 감상하는 데 있다.
　현대인들은 산을 좋아하는 사람들이 많아서 산악회 또한 많이 있다. 그러나 나는 산악회에 가입한 일이 한 번도 없으며 암벽등반, 빙설등반, 산악등반 등은 말만 들었지 한 번도 해보지 못했다.

기껏해야 오색약수터로 해서 설악산을 넘으며 단풍 구경을 한 일, 지리산 노고단에 가서 철쭉꽃을 감상한 경험, 과천에 살기 때문에 관악산을 몇 번 올라갔던 일이 전부다.

평상시에는 건강을 위해서 주 3회 현재 내가 살고 있는 집 앞 가까이에 있는 수리산 자락의 해발 185m밖에 안 되는 갑투봉에 올라갔다 오고 있다. 산(Mountain)이 아니라 언덕(Hill)을 오르내리는데, 젊은 사람들은 왕복 한 시간 거리지만 나는 두 시간이 소요된다. 30년 등산 경력이 있는 전문 산악인이라 할 수 있는 친구를 초대하여 이곳을 같이 걸었더니 나에게는 가장 알맞고 좋은 장소라고 극구 칭찬했다.

낚시는 아마 내 생리에 맞지 않는 모양이어서 취미가 없다. 언젠가 낚시광인 친구가 가자고 졸라서 빈 몸으로 따라간 일이 있었다. 물고기가 사람을 알아보는지 친구는 간간이 잡아 올리는데 나에게는 입질도 않는다. 너무나 지루해서 가자고 졸라서 돌아오고 말았다.

그런데 물반 고기반이란 말이 실감나는 곳에서는 나같이 낚시에 서툴고 좋아하지도 않는 사람도 월척의 붕어를 20여 마리씩 잡으니 낚시가 신나고 재미가 쏠쏠하였다.

전방에 대전차 방어를 위해서 둑을 쌓아놓았는데, 이때 필요한 흙을 확보하기 위해서 파낸 자리가 인공 호수로 변했다. 몇 년이 지나니 여기에 고기들이 많이 서식했었다.

사냥(Hunting)은 창·활·총·덫·개·매 등을 이용하여 원하는 사냥감을 찾아 추적해 잡는 일을 말한다. 수렵(狩獵)이라고도 한다.
나는 사냥총이나 사냥개도 없으며 사냥과는 거리가 멀다. 그러나 사냥을 좋아하는 친구들을 따라가 총과 개를 빌려서 꿩 사냥을 한 경험이 여러 번 있었다. 한 번에 두 번 쏘아 두 마리의 꿩을 잡은 적도 여러 번 있었다.

가을은 가고 또 오기를 반복한다.. 이제 나도 나이가 들었으니 결실의 계절에 맞게 인생의 결실을 위해서 금년 가을에는 저서를 한 권 출판할 생각이다. 이를 위한 준비에 바쁜 나날을 보내고 있다. 아무쪼록 이 책을 읽는 독자들에게 읽은 보람이 있었으면 좋겠다.

상선약수

　상선약수(上善若水, The highest vertue is like water)라 함은 가장 좋은 것은 물과 같다는 뜻이다. 몸을 낮춰 겸손하며 남에게 이로움을 주는 삶을 비유하는 사자성어다. 참 좋은 뜻을 가진 말이다. 그래서 나는 오래 전부터 이를 좌우명으로 삼고 있다.

　이 말은 원래 노자(老子)의 도덕경(道德經) 8장에 나오는 말로 그 원문은 다음과 같다.

　"가장 좋은 것은 물과 같다. 물은 만물을 이롭게 하면서도 다투지 아니하고, 모든 사람들이 싫어하는 낮은 곳에 머문다. 그러므로 도에 가깝다. 살아갈 때에는 물처럼 땅을 좋게 하고 마음을 쓸 때에는 물처럼 깊고 너그럽게 하며 사람을 사귈 때는 물처럼 어질게 하고 말할 때는 물처럼 믿음을 줄 수 있게 하며 다스릴 때는 물처럼 바르게 하고 일할 때는 물처럼 능하게 하며 움직일 때는 물처럼 때를 잘 선택하고 그저 오로지 물처럼 다투지 아니하니 고로 물처럼 허물이 없느니라."

(上善若水, 水善利萬物而不爭, 處衆人之所惡, 故幾於道, 居善地, 心善淵, 與善仁, 言善信, 正善治, 事善能, 動善時, 夫唯不爭, 故無尤).

위와 같이 노자가 물을 가장 위대한 선으로 비유한 이유를 서울대 중문과 허성도 교수는 다음과 같이 말했다.

첫째, 물은 공평함을 나타낸다. 물이 위에서 아래로 흐르는 것은 수평을 유지하기 위함인데 물은 조금만 상하 간에 차가 있어도 반드시 아래로 흘러 수평을 유지한다. 수평은 곧 공평을 의미한다.

둘째, 물은 완전을 나타낸다. 물은 아래로 흐를 때 아주 작은 구덩이가 있어도 그것을 완전하게 채우면서 흘러간다.

셋째, 물은 본질을 잃지 않는다. 물이 둥근 그릇이나 네모난 그릇에 담기듯 상황에 따라 한없이 변하면서도 언제나 본래의 성질을 잃지 않는다.

넷째, 물은 겸손하다. 물은 가장 중요한 생명의 근원이지만 언제나 아래로 흐르며 낮게 있는 모든 것을 적셔준다.

이상과 같은 네 가지 이유로 노자는 물을 최상의 선으로 보았다고 풀이한데 대하여 매우 적절한 견해라고 생각한다.

상선약수란 말을 사용하는 예로, "조 선생은 누구에게나 겸손하였고 도움을 필요로 하는 사람에게는 선생이 할 수 있는 모든 힘을 다해 도와주었다. 따라서 조 선생은 참으로 상선약수의 삶을 사신 분이다."라고 표현할 수 있다.

한국 문단을 대표하는 여류 소설가 박경리(朴景利)와 박완서(朴婉緒)의 노년에 대한 필자 미상의 어느 글을 보니 "두 분은 물처럼 살다가 물처럼 가신 대표적인 분들이라 할 수 있다. 그 분들은 흐르는 물처럼 남과 다투거나 경쟁하지 않는 부쟁(不爭)의 삶을 보여줬다. 자신들의 공을 남에게 과시하려 하지 않는 상선약수의 초연한 삶을 살았다."라고 씌어 있었다.

2015년 8월 4일 오바마 대통령의 54세 생신을 기념하여 백악관 집무실에서 반기문(潘基文) 당시 유엔 사무총장이 상선약수라고 쓴 휘호(揮毫)를 선물 했다. 그때 오바마 대통령은 '水'자를 가리키며, 'water'를 뜻하는 글자가 아니냐고 물었다. 반 총장이 그렇다고 대답했다. 겸하여 전체의 뜻을 설명하자 매우 만족하게 생각하며 감사 표시를 했다고 한다. 반 총장은 저우빈(周斌) 화동사범대학교 교수로부터 서예를 배웠다고 한다.

우연의 일치이겠지만 반 총장이 오바마 대통령에게 선물한 휘호의 내용이 나의 좌우명과 일치한데 대하여 무한한 긍지와 자부심을 느꼈다.

우생마사의 교훈

　우생마사(牛生馬死)라는 말은 '소는 순리대로 따라가서 살고 말은 격류를 거스르다가 죽는다'는 사자성어이다. 그런데 그 뜻을 잘못 해석하는 사람도 있고 또 이 사자성어가 〈삼국지연의〉에서 유래했다는 틀린 기록을 보면서 이런 것들을 바로잡고자 이 글을 쓴다.

　잔잔한 저수지에 말과 소를 동시에 넣으면 둘 다 헤엄쳐서 나온다. 말의 헤엄치는 속도가 소보다 훨씬 빠름은 더 말할 나위 없다.
　그런데 장마철에 홍수가 진다면 상황이 달라진다. 갑자기 물이 불어 강가에 세워놓은 물건들이 물살에 떠내려가는 그런 큰물에 소와 말을 동시에 넣으면 소는 살아 나오는데 말은 익사하고 만다.
　말은 헤엄을 잘 치지만 거센 물살이 자신을 떠밀므로 그 물살을 이기려고 거슬러 헤엄쳐 올라가려고 한다. 조금 전진하다가 거센 물살에 밀려서 다시 떠내려 오기를 반복한다. 한참을 허우적거리며 맴돌다 지쳐서 결국 익사하고 만다.
　반면에 소는 물이 흐르는 대로 물살에 편승해서 떠내려가다가 조금씩 강가로 가까워진다. 결국 강가의 얕은 모래밭에 발이 닿으면 엉금엉금 걸어 나온다.

　헤엄에 능한 말은 격류를 거스르다가 죽게 되고 비록 2~3Km 이상 떠내려가다가 느리게 나왔지만 순리에 따른 소는 나오는데 성공한다.

　이것이 소는 살고 말은 죽는다는 우생마사의 의미이다. 이 사자성어를 음미해 보면 인생은 순리대로 살아야 한다는 교훈을 얻을 수 있다. 그리고 꼭 말처럼 민첩해야만 지혜롭게 사는 것은 아니라는 생각이 든다.

　얼마 전에 내 친구가 "모 정치인이 우생마사의 소처럼 뚜벅뚜벅 가겠다고 하더라. 우생마사가 무슨 뜻이냐?"라고 나에게 물었다.

　이 친구는 학식이 많은 박사이지만 우생마사의 뜻을 몰라 우생마사의 소처럼 민심의 흐름을 따라 순리대로 뚜벅뚜벅 진행해 나가겠다고 한 정치인의 말을 잘 이해하지 못한 것이다.

　박근혜 전 대통령은 리더십에 결함이 많았다. 장관을 일년 동안 한 번도 대면하지 않을 정도로 소통에 문제가 있었다. 반면에 재벌 총수는 세 번씩이나 만났다. 사익을 채우기 위해서 재벌들에게 돈을 뜯어서 '미르'와 'K스포츠'를 설립했다.

　근무도 집무실이 아니라 관저에 머무는 시간이 많았다. 주로 접촉하는 인사도 문고리 3인방과 비선 실세요, 국정논단의 주범인 민간인 최순실이었다. 세월호 참사 때 7시간의 행적 시비도 여기에서 기인했다고 볼 수 있다.

　블랙리스트를 작성하여 문화계 인사들을 차별 대우하고, 자기 입맛에 맞지 않으면 같은 당의 국회의원이라도 매정스럽게 내치는 포용력 부재를 연출했다. 안기부의 특수활동비를 상납받아서 사적 용도에 사용했다.

　더욱 치명적인 문제점은 민심을 읽지 못하고 정보에 어두웠다는 점이다. 고집부리지 말고 깨끗이 모든 것을 내려놓고 아무 조건 없이 탄핵이 의결되기 전에 스스로 하야했더라면 탄핵도 또 파면도 당하지 않았을 것이다. 그랬으면 전직 대통령으로서의 모든 예우도 그대로 받을 수 있었을 것이다. 참으로 안타까운 일이다.

　그런데 지지율이 5%대 이하로 떨어지고 탄핵을 지지하는 국민 여론이 80% 이상이며 심지어 자기 당의 국회의원이 64명이나 탄핵 결의에 찬성하는 상황에서도 또 당 중진 의원들이 하야를 결의하였음에도 이런 거센 민심의 격류를 거슬러 헤엄치다가 지쳐서 결국 익사하고 마는 말의 신세가 된 것이다.

　그리하여 자신의 파멸은 물론 건전한 보수까지 몰락시켰고 대한민국의 국격을 실추시킨 범죄인이 되었다.

　박 전 대통령은 모든 혐의를 단 한 건도 시인하지 않고 끝까지 전면 부인하고 있다. 사람이 신이 아닌 이상 단 한 가지라도 실수 할 수 있었을 텐데 모두를 다 부인함을 국민들은 납득할 수 없었던 것이다.

김종필 전 총리는 국민 오천만 명이라도 그 고집을 꺾을 수 없을 것이라고 했다. 소 힘줄 같은 고집이란 말이 연상된다. 전직 대통령의 구속이라는 수치스러운 일이 하루 빨리 종결되었으면 좋겠다.

우생마사는 중국의 고전소설 『삼국지연의』(三國志演義)에서 나온 말이라는 기록이 있다. 그러나 다음과 같이 그 뜻이 다르기 때문에 나는 그렇지 않다고 생각한다.

유비(劉備)가 제갈량을 만나기 전 형주(荊州) 자사(刺史) 유표(劉表)에게 몸을 의지하고 있을 때다. 유비와 유표는 동성동본의 같은 성씨로서 전부터 아는 사이였다.

유비는 산적을 토벌하고 두목이 타던 적로마(的盧馬)를 얻었다. 적로마는 얼굴에 하얀 반점(斑點)이 있는 말을 지칭한다. 이 말은 주인에게 화를 불러오는 흉마라며 주위에서 만류했지만 유비는 애마로 삼았다.

하루는 유비가 자신을 죽이려는 유표의 처남 채모와 그 일당의 음모에 대한 제보를 받고, 애마 적로마를 타고 달아났다. 그러나 몇 리 못가서 단계라는 큰 계곡을 만났다. 이곳은 폭도 넓고 수심이 깊으며 물살이 거센 곳이어서 건널 엄두를 내지 못했다. 진퇴양난의 위기에서 유비가 할 수 있는 일은 적로마의 갈기에 얼굴을 묻고 눈을 감는 것뿐이었다.

그러나 채모의 군사들이 쫓아오고 있어 위기에 처해 있음을 감지한 유비는 어쩔 수 없이 물속으로 말을 몰았는데 적로마는 기우뚱거리면서 금방이라도 물살에 휩쓸릴 듯 했다. 이때 유비는 채찍을 휘두르며 "적로마야! 주인을 해치려 하느냐?" 하자 그 순간 적로마가 몸을 솟구쳐 세 길이나 됨직한 거리를 건너뛰어 기슭에 닿았다.

유비가 강에서 나와 서남쪽을 향해 급히 달아나니 강에 당도한 채모 일당은 강을 건너서 멀리 달아나고 있는 유비를 바라만 보고 있을 뿐 속수무책이었다.

적로마는 모두가 흉마라고 꺼릴 때 유비가 자신을 아껴준 진정한 주인이라는 것을 알고 있었다. 그래서 주인에게 감사히 생각하고 있었던 차에 초마적(超馬的)인 힘을 발휘하여 거센 물살을 가르고 강을 건너는데 성공함으로써 그 은혜에 보답했다

이상의 이야기는 우생마사의 유래라기보다 짐승이지만 은혜에 보답하는 의리가 있다는 점과 강한 보은의 정신이 거센 물살도 이길 수 있었다는 예화라고 생각한다.

'느려도 황소걸음'이란 우생마사와 같지는 않지만 약간 비슷한 말이다. 목표가 확실하다면 느려도 꾸준히 노력함으로써 그 목표를 달성할 수 있다는 의미이다. 황소걸음은 게으른 것과는 다르다. 바쁠수록 여유를 가져야 한다는 뜻이 있다.

'우보천리'란 말도 있다. 말의 속도보다 훨씬 느린 소일지라도 인내심을 가지고 꾸준히 걷다보면 천리를 갈 수 있다는 뜻이다.

인생에서 일이 순조롭게 잘 풀릴 때도 있지만 때로는 아무리 애써도 일이 꼬이기만 할 때도 있기 마련이다. 힘들고 어려운 상황일 때 대세의 흐름을 거스르지 말고 우생마사의 소와 같이 순리에 따르는 지혜를 배워야 하겠다.

산은 푸르고, 물은 맑도다
(2012년도 육사16기 화랑동기회 춘계 수련회 기행문)

푸르고 푸른 월의 여왕 5월, 그 끝자락인 5월 30일(수요일)부터 31일까지 1박2일 간의 짧은 기간이었지만 이번 수련회는 동기생 간의 친목 도모와 심신단련 및 견문을 넓히는 소기의 목적을 충분히 달성한 매우 유익한 여행이었다고 생각한다.

여행은 당일 아침 06시 50분, 전철 서울역 9번 출구 앞 대우 빌딩 옆에서, 07시 30분, 잠실역 4번 출구 옆 롯데마트 앞에서, 07시 50분 죽전 간이 정거장에서 각각 굿모닝여행사 관광버스 두 대에 분승하고 경부 고속도로를 달리기 시작하면부터 시작되었다.

가면서 아침식사를 차내에서 찰밥과 4찬으로 하였다. 12시 30분경 통영에 도착, 북통영 I.C 옆 〈호반 뷔페〉라는 식당에서 한식 뷔페로 점심 식사를 하였다. 말이 뷔페지 음식물 재료의 질이라든지 선택의 폭은 자유스럽지 못했고 오직 그 양만은 자유스러울 뿐이었다.

점심식사를 마치고 오후 두 시경 통영 삼덕항에서 욕지도행 유람선에 승선하여 탁 트인 바다를 항해하는 기분은 상쾌하고 좋았다.

여기서 한 가지 언급해야 할 것이 있으니 그것은 기상에 관한 것이다. 떠나기 전 비가 온다는 일기 예보에 걱정들을 많이 하였다. 실제로 여행을 떠난 지 두 시간 후부터 부슬비가 내리고 있으니 정말 난감하기 짝이 없었다. 그런데 통영에 도착할 때부터 비가 그쳤고 여행 기간 내내 기상상태는 아주 쾌청했다.

이는 아마도 관광버스에 타고 있었던 화랑 동기생들과 그 가족들의 고매한 인품과 그간의 삶이 적덕(積德)으로 충만하였기에 신의 축복을 받은 것이 아닌가 하는 생각이 들었다.

오후 두 시 50분경에 욕지도에 도착했다. 우리나라의 섬은 제일 큰 제주도를 비롯해서 총3,600개가 있다고 한다. 욕지도는 그 중 44번째 크기의 섬으로 인구는 2,400명이다.

유람선에 싣고 간 관광버스를 타고 욕지도 섬을 일주하며 관광했다. 오후 세 시 30분경에는 삼여도 전망대를 보았다. 오후 네 시경에는 '새 에덴동산'이란 곳을 둘러보았다.

새에덴동산은 70대 최숙자 할머니와 30대의 딸 윤지영 두 여인이 변변한 장비도 없이 집도 짓고 남근형 조형물도 만들어 세워 놓는 등 1호로부터 17호까지의 각종 테마 있는 작품들을 만들어 놓은 곳이다. 이곳은, 아직도 여러 작품들을 계속 만들어 나가고 있는 이 여인들의 일터요 보금자리이다.

이들이 이곳에 오게 된 동기가 있다. 딸이 말기 위암으로 사형 선고를 받고 병원에서도 쫓겨나 망연자실, 자포자기했다. 그러다가 이곳으로 흘러들어 와서 산채식으로 연명하며 명상과 기도를 계속하던 중 완쾌되는 기적이 일어났다. 이를 계기로 이곳에 정착하게 되었고, 집을 짓고 조형물을 만들고 있는 중이라 한다.

'야곱의 우물'이라 이름 붙인 제 1호 작품은 지붕 천정에 육각의 별이 달린 우물인데 일 년 간의 공사 기간 중 미끄러져서 부상을 당해 일주일간 치료를 받는 등 고생이 많았다고 한다. 2호 작품은 '하나님의 제단', 3호는 '최후의 만찬석', 4호는 '십자가', 5호는 '쌍무지개 대문'이다. 6호는 집으로 들어가는 입구로 '건강의 뿌리', 7호는 '7층 별탑', 8호는 아가페적 사랑을 교제하는 장소라고 하는 '남근석 담', 9호는 '모녀왕궁', 10호는 4개의 계단과 8개의 기둥으로 이루어진 왕관인 '신의 면류관'이다. 11호는 '만리장성', 12호는 '빛의 치료실', 13호는 '산타굴뚝', 14호는 '모닥불', 15호는 '통나무 대문', 16호는 '마음을 비우는 곳'이다. 17호는 '실로암'이라 이름 붙여진 조형물이다.

이상의 작품 중 8호 '남근석 담'은 들어가는 입구로부터 경사져 내려가는 길옆에 열두 개의 남근석을 죽 박아 놓았다. 열두 개는 예수님의 12제자를 상징한다고 한다. 남근석의 내용은 첫째 노폐물 배설기관, 둘째 생명의 원천기관, 셋째 극치의 사랑을 표현하는 표현기관을 의미한다고 하는데 그 설명 내용이 흥미가 있었다. 최씨 할머니의 카랑카랑한 목소리로 땡큐, 땡큐를 연발하는 장면과 그 소리가 욕지도를 출항하여 통영 삼덕항에 도착한 뒤에도 생생했고 귀에 쟁쟁했다. 마치 신들린 무당과도 같았다.

최 할머니가 쓴 서예작품이 있었는데, 어디에선가 상을 받은 작품이라 한다. 아직도 공사 중인 곳이 있었는데, 앞으로 10년은 더 공사할 계획이라 하였다.

저녁 식사는 남해군 창선면 대벽리에 있는 '너울 횟집'에서 매운탕 정식으로 하였다. 여기에 민평식 동기의 중국산 고급술 제공과 정순덕 동기의 찬조에 의한 푸짐한 회가 곁들여져 더욱 풍성한 만찬을 즐길 수 있었다.

더욱이 낮에 새에덴동산으로 가는 길은 버스가 들어갈 수 없어 왕복 약 3Km를 도보로 이동하는 산책을 한데다가 저녁 식사 시간이 다소 늦어 맛이 더욱 꿀 맛 같았다.

오후 7시 30분경에는 삼천포로 이동, 우리나라에서 아름다운 길 100선 중 1위라는 창선 삼천포 대교의 야경을 관람했다. 오후 8시 30분경에 사천시 선구동에 있는 두 개의 모텔에 투숙하여 단잠을 잤다.

여행 둘째 날 아침 6시 15분경에 차를 타고 잠시 이동하여 사천시 선구동 '길부자 식당'에서 시원한 바지락 해장국으로 아침 식사를 하였다.

오전 8시 30분경 고성 상족암(床足岩) 국립공원으로 이동하여 잘 조성된 둘레길을 따라 약 30분 동안 도보로 이동하며 공룡 화석지를 살펴보았다. 상족암은 경남 고성군 하이면 덕명

리 바닷가에 있는 바위를 이른다. 일명 쌍발이라고도 부르는데 수만 권의 책을 켜켜이 쌓아 놓은 듯한 수성암 절벽이 우뚝 솟아있어 마치 변산반도의 채석강을 옮겨놓은 것 같았다.

이 부근의 6Km 쯤에 이르는 바닷가에는 중생대에 한반도에서 살았던 공룡과 새의 발자국이 3,000여개나 남아있었다. 이 발자국 화석은 1982년 경북대 양승영 교수팀이 발견했다.

오전 10시경부터는 유람선에 승선하여 사랑도, 수우도, 장도, 원숭이 바위, 사랑동굴 등을 관광했다. 시계는 약간 흐렸지만 물결은 아주 잔잔하여 유람선 타는 맛이 일품이었다.

오전 11시 30분경에는 사천 백천사(百泉寺)를 방문하여 와불(臥拂) 중에서 세계 최대라는 길이 13m, 높이 4m의 약사여래 와불을 관람하였다.

오후 12시 30분경에는 경남 산청군 단성면 성내리에 있는 '성화식당'에서 숯불 흑돼지구이로 점심식사를 했다. 돼지고기 맛이 일품이라 그런지, 그 양을 적게 놓아 그런지는 몰라도 좀 더 먹었으면 하는 아쉬움이 남았다.

여기서 사실상의 관광은 마치게 되었다. 다음은 테마여행으로 금산에 있는 '(주)蔘사랑'을 방문하여 참석자 거의 전원이 흑삼을 구입하였다. 이 흑삼을 복용하고서 모두 무병장수하기를 기원한다.

이번 여행은 계절적으로 춥지도 덥지도 않는 시기요 장소도 통영, 삼천포, 사천, 산청, 욕지도, 사랑도 등이므로 푸른 산과

들, 맑은 물, 청정한 공기를 마음껏 보고 마시면서 자연의 품에 푹 안겨 마치 꿈속의 무릉도원을 거니는 듯하였다. 이러니 어찌 시 한 수 읊지 않을 수 있으랴.

오월의 노래

오월은
푸른 오월은
그대 눈동자
월의 공주
훈풍을 가르는 물찬 제비의 모성애가
처마 밑 둥지에서 모를 심는다

오월은
푸른 오월은
어머님 손길
월의 여왕
어미 소 따르는 송아지의 음매 소리가
보리밭 들녘에서 메아리친다

오월은
푸른 오월은
번영의 왕관
월의 황제
고목에 매달린 열매들의 완숙 과정이
황혼의 산야에서 빛을 발한다

이상의 시 주제는 '우주와 자연의 질서'이다. 그리고 1연은 사랑, 2연은 전원, 3연은 결실을 각각 읊었다.

봄이 오면 고목에도 꽃이 핀다. 그리고 꽃이 피었으면 열매를 맺는다. 이것이 자연의 질서다. 이 열매야말로 고매한 인품, 해맑은 지혜, 완숙한 경륜이 응축된 농축액이며, 이것에 대한 표현을 "완숙과정"이라 하였다. 이 농축액이 세상에 기여하는 빛을 발하기를 염원해 본다.

금번 여행을 하는 동안 오고 가는 차창을 통하여 지나가는 어느 곳을 보아도 잘 정돈되어 있었고 한 폭의 그림과 같았다. 일본도 곳곳을 다녀보았지만 우리나라의 산야만 못하였다. 중국이나 동남아 어느 곳, 터키와 발칸반도의 여러 나라들을 둘러보아도 차창에 비치는 풍경이 우리나라의 수려한 산야를 따라올 데가 없다고 자부할 수 있었다. 우리나라 금수강산을 더욱 아름답게 잘 가꿔 후손에게 물려주어야 하겠다.

아, 우리 조국의 산은 푸르고 푸르며 물은 맑고 맑도다.

(2012년 6월 1일)

천하제일의 수경
구채구 관광

(이 글은 육사 16기 화랑 동기생들(구상모 김성훈 민평식 박이태 석찬봉 양재일 용영일 조병락 천용택)과 그 가족 분들이, 2015년 10월 19일부터 10월 24일까지 4박 6일간 중국의 성도/구채구/황룡/낙산/아미산 등을 관광했는데, 다른 곳은 다 생략하고 그중 구채구 관광 만을 선택한 기행문임.)

구채구(九寨溝)는 중국 사천성의 성도(成都)에서 북쪽으로 약 460km에 위치하고 있으며, 황룡에서는 북쪽으로 약 160km로서 버스로 약 세 시간 거리에 있는 장족 자치구이다. 아홉 개의 장족 마을이 있다고 해서 구채구란 이름이 생겼다. 아홉 개의 장족마을 중 지금은 세 곳만 개방하고 여섯 곳은 출입을 통제하고 있다.
　구채구는 티벳을 최초로 통일한 왕 송첸 캄포가 군대를 이끌고 송번(松藩)에서 당나라 군대와 대치 중에 화친을 맺고 티벳으로 회군하던 중 아홉 명의 군사가 구채구의 아름다운 절경에 빠져서 이곳에 정착했다고 하는데, 이것이 구채구가 생긴 유래다.
　구채구는 만년설의 민산산맥에서 흘러나온 물이 신선이 노는 아름다운 물의 나라를 이루어 빼어난 연못과 호수와 늪을 이루거나 폭포를 만들어내는 동화세계 같은 자연 풍광으로 유명하다. 따라서 이곳은 많은 영화의 촬영 장소가 되었다.

구채구는 1992년 세계자연유산 중 가장 먼저 유네스코에 등재된 곳이며, 세계 생물권 보호구, 녹색지구 21, 중국 국가 AAAAA 지역으로도 지정되었다. 구채구를 대변하는 명언들로

"구채구는 천하 제일의 수경이다."
"구채구의 물을 보고나면 다른 물은 보이지 않는다."
"산을 보려면 황산이나 장가계를 보고, 물을 보려면 구채구를 보라."
"구채구의 물을 보지 않고는 죽어서도 눈을 감을 수 없다."
"구채구는 동화의 세계, 신선이 노는 별천지이다."

등이 있을 정도로, 외국인은 물론 중국인들도 가장 선호하고 있는 관광지로 급부상하고 있다. 특히 중국인들이 평생 가보고 싶은 자국 내 여행지 1위에 꼽히는 명소다.

구채구의 총면적은 720평방킬로미터이며 그 중 52%가 빽빽한 원시림이다. 그 안에 봉오리, 골짜기, 연못, 호수, 폭포, 촌락이 있고 100여 종의 식물과 희귀동물도 서식한다. 구체구의 대표적인 5경은 폭포, 호수, 가을 단풍, 겨울 설산(雪山), 장족 거주지라고 한다.

구채구는 외딴 곳이라 정부가 파악하지 못하고 있다가 벌목꾼들에 의해 발견되었다. 1982년도에 벌목을 금지시키고 국립공원으로 지정하였다. 1984년에 관리소가 설치되어 공식적으로 여행객들에게 개방되었다. 1987년도에야 시설과 관광규정이 정비되었다.

구채구에 들어가기 위해서 표를 검사하는 출입구가 7개나 있을 정도로 사람들에게 절경의 명소로 알려져 있다. 그 앞 광장에 대기하고 있는 인파가 어찌나 많은지 인파에 떠밀려 조금씩 들어가는 데 100m도 안되는 짧은 거리를 무려 1시간 30분이 걸렸다.

구채구는 크게 네 개의 골짜기(측사와구, 일측구, 수정구, 짜투구)로 구성되어 있는데, 짜투구를 제외한 세 곳의 풍경구만 관광지로 개방되어 있다.

구채구는 50Km 길이의 Y자형 계곡에 114개의 영롱한 비취빛 호수와 열세 개의 역동적인 폭포가 서로 연결되어 흐른다. 호수의 신비스럽고 오색영롱한 물빛은 푸르른 원시림과 잘 어우러져 세계적으로 아주 드문 장관을 이루고 있다..

구체구는 Y자형으로 전개되어 있는데, 세 선의 꼭짓점이 만나는 구채구의 중심에 낙일랑 폭포가 있다. 이 폭포를 중심으로 왼쪽은 측사와구(**側溚溄溝**), 오른쪽은 일측구(**日側溝**), 아래 I자는 수정구(**樹正溝**)로 나뉜다.

일측구

일측구는 구채구에서 가장 많은 볼거리가 있는 풍경구로 낙일랑 폭포에서 원시 삼림까지 18Km 거리의 부분에 해당하는 곳이다. 더없이 아름다운 풍광과 계절마다 다양한 변화의 모습으로 구체구 풍경구 중에서도 정수(精髓)로 꼽힌다.

일측구는 전죽해까지 셔틀버스를 타고 이동한 후 산책로를 따라 내려오면서 폭포와 호수를 감상하는 코스다. 일축구의 주요 관광지는 전죽해, 팬더해, 오화해, 진주탄 폭포, 낙일랑 폭포 등이 있다.

전죽해

해발 2,618m에 위치한 전죽해(箭竹海)는 호수 주변에 전죽이 자라고 있는데 푸른 대나무가 바람에 소리를 내어 붙여진 이름이라고 한다.

이 전죽은 60년에 한번 꽃이 피고 10년에 한 번씩 싹을 틔운다고 하니 그 진귀한 모습은 평생 한번 볼 수 있을까 말까. 또한 전죽해는 장해모의 2001년 영화 〈영웅〉의 촬영 장소이기도 하다. 영화에서 아름다웠던 호수를 생각하면서 실제 와보니 더욱 감개가 무량했다.

팬더해

 팬더해(熊猫海)는 팬더가 이곳을 찾아 물을 먹었다고 해서 팬더해라고 명명되었다고 한다. 팬더해는 해발 2,587m에 위치해 있으며, 평균 깊이는 14m이다.
 호수 안에는 물고기들이 살고 있는데, 물의 석회질을 비롯한 각종 광물질 때문에 고기들이 그리 크게 자라지는 못한다고 한다.
 특이한 점은 구채구의 호수들을 호(湖)라고 부르는 대신 바다 해(海)자를 붙여 부른다. 그 이유는 사천성(四川省)이 내륙에 있어 바다가 없으므로 바다를 그리워하여 그렇게 부르게 되었다고 한다.

오화해

 오화해는 일측구의 공작하 상류 끝자락의 해발 2,472m에 위치하고 있다. 깊이 5m~11.7m, 평균 넓이는 172,7m, 면적은 90,000평방미터이다. 호수에는 칼슘, 마그네슘, 동, 이온 등 많은 광물질과 수조류, 이끼 등이 있어 햇빛 아래에서 초록색, 파란색, 연두색, 비취색, 보라색 등 다섯 가지의 다양한 색채를 나타내고 있다고 해서 오화해라고 이름 붙여졌다.
 오색 물빛이 햇빛에 비춰지면 공작 깃털처럼 아름답게 보인다고 해서 공작해(孔雀海)라고도 불린다. 오화해는 "구채구의 정수(精髓)"라는 찬사가 따라다니는 구채구 전체에서 가장 아름다운 호수로 꼽힌다.

진주탄 폭포

진주탄(珍珠灘) 폭포는 구채구의 모든 격류 중에서 물빛이 가장 아름답고 물살은 가장 거세며 물소리도 가장 큰 폭포이다. 해발 2,433m에 위치하고 있으며 폭포의 폭이 200m, 낙차가 가장 큰 부분은 40m에 달한다. 골짜기 밑으로 내려온 폭포수는 황색과 녹색이 서로 섞여있다.

폭포물이 마치 진주가 잘게 부서지며 폭포 아래로 흘러내리는 듯하다고 해서 붙여진 이름이라고 한다. 이 진주탄 폭포는 영화 서유기의 촬영지로도 유명하다.

낙일랑폭포

낙일랑(諾日朗) 폭포는 구채구의 많은 폭포 중 가장 넓고 중국에서 가장 큰 폭포이다. 폭이 300m, 낙차는 20m이며 낙일랑은 티벳어로 '남근(男根)'을 지칭하며 장족 말로는 '장엄하다', '장관이다'라는 뜻이다. 물이 떨어지는 모습이 남자가 쉬를 이리 저리 휘갈기는 것 같다고 하여 이런 장난기 어린 모습을 승화시켜 웅장하다는 뜻에서 그렇게 부르고 있다고 한다.

정상에서부터 층층이 떨어지는 폭포는 마치 은하가 쏟아져 내리는 듯하며 그 소리 또한 웅장하다. 여기에는 낙일랑 초대소, 매점, 식당 등 최소한의 설비가 갖춰져 있다.

측사와구

측사와구는 입구로부터 32Km 떨어져 있다. 일반차량은 들어갈 수 없고 관광지 내 셔틀버스를 이용하면 35분 거리다.
측사와구 맨 끝단에 구채구에서 해발이 가장 높고 호수면이 가장 넓은 장해가 있다. 그 아래 오채지는 규모는 작지만 물의 색채가 수려하며 물속에 무지개가 떠있는 듯하다.

장해(長海)

장해는 구채구에서 가장 높은 곳(해발 3,101m)에 위치한 호수이다. 호수의 길이는 4,349m이며, 가장 넓은 곳의 폭은 415m이다. 깊은 곳의 수심은 88.8m이고, 평균 수심은 44.5m이다. 면적은 928,440평방미터로 구채구에서 가장 크다.
장해는 53.6만년 전에 형성된 전형적인 빙하 연색호이다. 연색호란 지진, 산사태, 화산 폭발 등으로 골짜기에 흐르는 계류나 하천 등이 막혀서 생긴 호수이다. 연지호, 또는 폐색호(閉塞湖)라고도 한다. 이렇게 높은 곳에, 이렇게 넓은 호수가 있다니 놀랄 따름이다.

오채지

오채지(五彩池)는 구채구 측사와구에 있으며 장해에서 약 1Km 떨어진 해발 2,995m에 위치하고 있다. 상부 해발 3,101m에 있는 빙하 연색호인 장해의 얼음물이 녹아 흘러내려 형성된 호(湖)이다. 길이는 100.8m, 평균 넓이 56m, 평균 깊이 6.6m, 면적 5,645평방미터이다. 구채구에서 가장 아름다운 색채를 가진 호수로 유명하며 항상 맑은 청옥(靑玉)색의 빛깔이 눈부신 호이다.

수정구

수정구(樹正溝)는 입구에서 가까운 Y자 형의 아랫 부분으로 14Km의 계곡에 펼쳐지는 수정폭포, 수정군해, 화화해, 서우해, 노호래, 분경탄 등의 호수와 폭포가 있다.

수정구는 10개 관광지로 구성되어 있는데 한줄에 꿰어진 인간 세상의 푸른보석과도 같은 곳으로 계곡 입구로부터 5km에 걸쳐서 여러 형태의 호수와 폭포가 연이어 펼쳐진다.

수정폭포

수정폭포(樹正暴布)는 폭이 62m 높이 15m이다. 노호해에서 흘러내린 물이 작은 폭포를 이룬다. 폭포 아래에 장족 마을인 수정채가 있다. 수정 폭포는 천 마리의 용이 삼림을 드나들 듯한 자태로 관광객을 맞아주고 있다고 표현하는 사람도 있다.

수정군해

수정군해(樹正群海)는 수정폭포 아래 대소 호수 19개가 사닥다리형 호수군을 구성하고 있는데, 초록에 청색을 지니는 색상은 동화처럼 순진하고 자연적이다.

수정군해에는 호수 사이마다 소나무, 버드나무, 전나무 등으로 울타리가 쳐져 있다. 호수의 깊이에 따라 초록색, 짙은 청색 등 다채롭고 아름다운 자태를 뽐낸다. 수정군해는 해발 2,250m이며, 이곳에는 개인이 경영하는 숙소가 있어 관광객에게 숙소를 제공한다.

화화해

아침 안개가 걷히고 햇빛이 비치면 꽃모양의 붉은 빛들이 물위에서 장관을 이룬다. 이 빛들이 짙고 푸른 물빛과 어우러져 아름다운 보석들이 수면 위에 가득 차 있는 듯하다. 또 여름철 호수 주변에 야생화가 만발하였을 때에는 이른 아침 이슬이 맺혀 여기에 햇빛이 비치면 호수에 반사된 모습이 마치 동화의 세계처럼 신비스럽게 보인다. 주위 경관을 이루는 단풍이 비쳐 아름답게 보인다.

서우해

서우해(犀牛海)는 일명 코뿔소 해라고도 하며, 코뿔소가 뛰어든 호수라고 해서 붙여진 이름이라고 한다. 서우해는 구채구에서 장해 다음으로 큰 호수로서 해발 2,315m, 길이 약 2Km, 넓이 195,6m, 평균 수심 11.7m이다. 지하에서 흘러나오는 일정한 수량으로 형성된 호수이기 때문에, 깊이와 넓이의 변함이 없다. 사진에서 보듯이, 산허리의 반영(反影)이 더 아름다운 풍경을 자랑하는 것 같다.

노호해

노호해(老虎海)는 그 명칭의 유래에 대한 설이 분분하다. 첫째는 가을 단풍잎이 물에 비친 모습이 호랑이의 가죽 같다고 하여 붙여진 이름이라는 설이다. 둘째는 호랑이가 이 호수의 물을 좋아해서 자주 물을 마셨다는 설이다. 셋째로는 노호해가 수정폭포의 바로 상류에 위치해 있어 그에 인접한 폭포수 소리가 호랑이의 포효(咆哮)처럼 들린다고 해서 이런 이름이 붙여졌다는 설 등이 있는데, 다 일리가 있어 어느 것이 맞는지 알 수 없다.

노호해는 해발 2,298m, 길이 약 300m, 넓이 150m, 평균 깊이 8.9m, 면적 4,932.3 평방미터이다.

노호해는 일명 갈대의 바다라고 부르기도 하며 고요하고 한적한 호수라고 한다.

분경탄

분경탄(盆景灘)은 죽은 나무 위에 갈대가 모여서 자라며 분재와 같이 생겼다고 해서 붙여진 이름이다. 자료를 구할 수 없어 더 설명할 수가 없다.

와룡해

와룡해(臥龍海)는 호수 밑에 용이 누워 있는 것 같다고 해서 붙여진 이름이다. 와룡해는 물 빛깔 이 짙푸르며 고요하고 평화롭다.
옛날에 이곳 사람들에게 물을 가져다 준 황룡의 고마움을 잊지 못하여 이 호수를 와룡해라고 부른다는 전설이 있다.

****

이상으로 천하제일의 수경 구채구 관광을 마치고 구채구 지역 에서는 가장 좋다는 오성(五星)급 호텔인 〈하워드 존슨〉호텔에서 저녁 식사를 했다. 그리고 호텔 내에 있는 마사지 샾으로 가서 전신 마사지를 함으로써 구채구관광을 하면서 쌓였던 피로를 풀었다.

맺는 말

--*-*-*-*

천하제일(天下第一)의 수경(水景),

환상(幻想)의 선경(仙境)을

보고 왔노라.

시베리아 횡단열차 기행

*낮에 시베리아 횡단열차를 타보지 않은 사람은
여행을 논(論)하지 말라*

 시베리아 횡단철도(Trans Siberian Railway, TSR)는 유럽의 모스크바와 아시아의 블라디보스토크를 잇는 철도를 말한다. 그 총길이는 9,288Km나 된다.
 이 거리는 지구 둘레의 약 1/4에 해당하는 세계에서 가장 긴 철도다. 무려 그 거리가 서울에서 부산까지를 22번 이상 달리는 거리이다. 열차에서 내리지 않고 계속 달려도 6박 7일이 걸리며, 일곱 시간의 시차가 있어 일곱 번이나 시간대가 바뀐다. 비행기로 직행해도 아홉 시간 반이 걸리는 거리다. 시베리아 횡단철도의 길이에 대해서는 여러 가지 다른 기록들이 있다. 그런데 블라디보스토크 역에 들어가 보니 다음 쪽의 좌측 사진과 같이 철탑에 9,288이라 새겨진 것을 보았기에 확신을 가지고 그렇게 썼다.
 시베리아 횡단철도는 90여개의 도시를 거쳐 가고 아무르강, 레나강, 볼가강 등 열여섯 개의 강을 지나간다.
 우랄 산맥을 중심으로 동쪽인 아시아(7,512Km, 81%)지역과 서쪽인 유럽(1,776Km, 19%)지역의 두 개 대륙을 통과한다.

　러시아는 1858년과 1860년 청나라와 맺은 아이훈 조약과 북경조약으로 시베리아에 진출할 수 있었다. 당시 이 지역은 청나라의 지배력이 매우 약했던 곳이었으며 군사적인 저항은 전무했다.

　러시아는 태평양에 부동항을 개척하고 시베리아의 모피등 물산을 조달하기 위해 시베리아횡단철도를 건설했다.

　당시 재무장관인 위태는 유럽에서 들여온 차관을 이용하여 철도 건설을 강행했다. 이는 아시아로 상품을 수출하여 이익을 얻어 차관을 상환할 수 있을 것으로 생각했기 때문이다.

　시베리아횡단철도는 착공한지 25년만인 1916년에 완공되었다. 이 철도가 탄생됨으로써 시베리아가 본격적으로 개발되기 시작했다. 철로를 따라 인구 유입과 대도시가 형성되고 문화적 대변혁을 가져오게 되었다.

　우리나라에서도 남북철도 연결과 시베리아횡단철도를 통해 유럽과 연결되는 새로운 실크로드의 출현을 기대할 수 있게 되었다.

　1937년 고려인 강제이주사건으로 인해서 우리로서는 그다지 유쾌하지 않은 역사를 지니고 있는 시베리아 횡단철도가 오늘날 우리의 관심을 끌고 있다는 것은 아이러니한 일이 아닐 수 없다.

　참고로 러시아는 유럽과 아시아라는 두 개의 대륙을 품고 있으며, 국토 면적은 1,710만 평방킬로미터로서, 미국(980만

평방킬로미터)과 중국(960만 평방킬로미터)을 합친 것과 거의 맞먹을 정도로 세계에서 가장 넓은 땅을 가진 나라이다.

우리 관광단 일행은 2015년 4월 22일 12:30경에 아시아나 항공기를 타고 인천공항을 이륙하여 현지시간(시차 1시간) 오후 4시 10분경에 블라디보스토크 공항에 도착했다. 현지 가이드 조미향(趙美香) 씨의 안내를 받아, 45인승 현대자동차회사 제조의 버스를 타고, 약 두 시간 거리의 "독립운동가의 횃불" 이상설(李相卨) 선생이 잠든 우수리스크 시로 이동했다.

우스리스크를 비롯한 연해주 관광은 생략하고, 다시 블라디보스크로 가서 이곳 관광부터 기술하려고 한다.

블라디보스토크 관광

블라디보스토크는 러시아의 도시이며 러시아 극동의 군사기지이고 프리모르스키 지방의 행정 중심지이다. 또 시베리아 횡단철도의 시발점이며 태평양 진출의 문호이다. 인구는 603,000명이다.(2013년 통계)

블라디보스토크는 러시아 극동의 중요한 부동항(不凍港)이다. 3개국(중, 러, 북한)의 국경이 만나는 곳에 위치하고 있다. 이 곳은 러시아 태평양 함대의 모항이기 때문에 각국의 해군 함대들이 친선 사절로 방문하는 경우가 많이 있다. 여기에서는 국제 심포지움과 학술회의가 자주 열리고 관광과 무역이 발전하고 있는 중이다.

이 곳의 주요 산업은 조선업과 포경, 게등의 어업, 해산물 가공업, 군항 관련 산업 등이다. 선박 수리, 목재 가공, 식료품 공업도 있다.

남동쪽의 나훗카는 제2차 세계대전 후에 개항한 상업항으로 러시아의 극동을 향하는 제2의 문호이다.

잠수함 박물관 관광

제2차 세계대전 당시 10대의 적함을 침몰시켰다는 전설적인 잠수함 C-56호를 개조하여 박물관으로 만든 곳으로, 어떤 곳에서도 보기 힘든 잠수함 내부 구조를 관람할 수 있었다.

내부에는 잠수함의 연혁과 각종 자료가 전시되어 있고, 함장이 이용하는 방과 수병들이 잠자는 방, 수병들이 활동하는 공간을 그대로 재연하고 있다. 우리들은 내부를 전부 구경했다. 잠수함 바로 옆에는 전몰장병들을 기리기 위해 만든 꺼지지 않는 불꽃이 타고 있었다.

해군사령부 계단 입구에서 보드블록 작업을 하고 있는 인부 다섯 명이 북한 노동자였다.

길을 걷다가 평양에서 왔다는 북한 노동자를 만났는데, 40대인데도 굶주리고 노동에 찌든 흔적을 안색과 수척한 모습, 초라한 복장에서 엿볼 수 있었다.

혁명광장

　블라디보스토크의 중심에 자리하고 있어 중앙광장이라고도 하며 혁명전사광장이라고도 한다. 이곳은 집회와 약속장소 국가 행사의장으로 인기 있는 곳이다. 중앙광장은 도심 중심에 평평한 광장과 시청, 기타 여러 가지 건물들이 있었다.
　매주 금요일과 주말에는 생필품을 파는 시장이 형성된다.
　1917~1922년 러시아 극동지역에서 구소련을 위해 싸웠던 병사들을 위한 기념물이 있으며, 이곳에서 금각만(金角灣)으로 올라가다 보면 작은 만과 바다 및 선박들을 볼 수 있다.

루스키섬 관광

　다음 쪽에 있는 지도에서 맨 위의 원이 금각만대교이다. 블라디보스토크 대교라고도 하며, 이 도시의 랜드마크이다. 가운데 오른쪽 원이 루스키 섬으로 들어가는 루스키대교이다. 강철로 된 줄들은 러시아 국기색이다.
　2012년 APEC정상회담이 이 섬에서 개최되었으며 루스키대교도 이를 위해 새로 만들었다고 한다. 루스키대교는 동 보스포러스만 대교로도 부른다. 1.1km의 경간을 가진 세계 최장의 사장교라고 한다. 가운데 왼쪽의 가장 작은 원은 운하다. 맨 아래 원은 극동대학교인데 그 방대한 규모와 다양하게 설계된 건축물들의 예술적 우수 성에 감탄을 금치 못했다.

어찌나 넓은지 셔틀버스가 계속 운행되고 있었다. 우리도 이 셔틀버스로 대학 구내를 돌아다녔다.

바다가 보이는 해안가에 있는, 결혼식도 하고 파티도 하는 건물까지 가서 그곳 화장실을 이용했으며, 간 김에 야외 탁자에 앉아서 카푸치노 한잔씩을 마시며 경치를 감상했다.

여행 4일차, 투숙했던 블라디보스토크의 아무르스키잘립 호텔 식당에서 조식을 한 후 블라디보스토크 역으로 가서 하바롭스크행 007호 기차를 탔다. 하바롭스크까지의 거리는 767Km이며, 시간은 약 14시간이 소요된다.

기차 내부는 세 개의 등급이 있는데, 2인 1실(에스베), 4인 1실(꾸뻬), 6인 개방형 침대(쁠라찌까르뜨이) 등이 있다. 복도는 1m 정도로 한 사람이 겨우 지나갈 수 있게 되어 있었으며, 온수통이 비치되어 100도씨 이상의 뜨거운 물을 이용하여 커피나 라면을 마음대로 먹을 수 있어서 좋았다. 기차 내에 식당 칸이 있는데, 이곳의 음식은 시내의 레스토랑에서 먹는 것처럼 맛이 있었다. 세면대와 용변기가 있는 화장실이 있다. 역 도착 전후로 30분 동안은 시건장치를 하기 때문에 화장실을 사용할 수 없음을 유념해야 한다.

시베리아 횡단열차를 타는 경우는 두 종류라고 본다. 그 하나는 여행 경비 절감이다. 호텔 투숙을 줄이고 기차에서 자면 된다. 또 하나는 차창 밖을 보면서 낭만을 즐기고, 여행의 진수를 맛보는 경우다.

열차는 달린다. 밤이든 낮이든 목적지를 향하여 계속 달린다. 흔히 말하기를 몇 시간 자다가 봐도 전 풍경과 똑같고, 심지어 어제 본 모습과 똑같다고 말하는 사람도 있다. 그만큼 시베리아가 넓고 광활하다는 뜻도 내포되어 있지만 반드시 그런 것만은 아니다. 물론 집 한 채 없이 잡초만 있는 벌판이 무한대로 전개되기도 한다. 그러나 달리다 보면 자작나무 숲도 있고 열대 우림 같은 밀림지대도 나오고 호수, 강, 늪지, 구릉지, 시가지, 촌락도 볼 수 있다. 이 풍경들은 기상에 따라서, 특히 계절에 따라서 그 보는 느낌이 각각 다르다.

하바롭스크 관광

하바롭스크 역을 자정이 지나서 내리니 역의 야경이 시야에 들어와 사진을 한 장 찍었다. 일행은 새벽 1시경에 대기하고 있던 20인승 봉고차를 타고 인뚜리스트 호텔로 가서 투숙했다.

하바롭스크 시는 러시아의 도시다. 극동연관구의 본부가 있고, 러시아 최동단 지역의 중심지이다. 강이 있는 도시가 얼마나 아름다운지를 단적으로 보여주는 도시이다.

차가운 시베리아라는 이미지를 씻어버릴 만큼 고풍스러운 건물들이 아무르강을 바라보며 줄지어 있다. 많은 공원과 강을 따라 산책하기 좋은 둘레길이 있다. 극동의 역사를 간직한 시내는 관광객들의 시선을 끌기에 충분하다.

이 도시의 인구는 593,636명(2013년)이며, 면적은 386평방킬로미터이다(한국의 7.9배).

기후는 몹시 추운 대륙성 기후를 보인다. 1월 기온은 영하 22도, 7월 기온은 18~22도이다. 강수량은 700mm이며, 냉대 기후에 속해 있다.

산업은 기계제조(배, 농기, 디젤기관, 전기, 공작기), 금속공업, 제유, 목재가공, 식료품 등의 공업이 발달해 있다.

아무르스키

무라비예프 아무르스키(1809-1881) 는 러시아의 극동 개척 역사에 있어서 가장 중요한 인물이다. 동 시베리아의 초대 총독이자, 청으로부터 현재의 하바롭스크 주를 할양받는 조약인 〈아이훈조약〉을 이끌어내, 네르친스크조약 이후 답보 상황이었던 러시아의 극동 부동항 개척의 물꼬를 튼 인물이다.

현재의 하바롭스크 시도 그의 명령으로 설립되었고, 오늘날 극동 최대의 중심 도시로 거듭났다. 하바롭스크 시의 가장 번화한 거리는 그의 이름을 딴 무라비예프 아무르스키야 라는 이름으로 불린다. 뿐만 아니라 현재 러시아 루불화의 가장 고액권인 5,000루불권 뒷면에는 이 사람의 동상 삽화가 들어 있다.

향토박물관

향토박물관은 극동지역에서 가장 큰 박물관이다.

명예의 광장

제2차 세계 대전 전몰용사들의 이름이 새겨진 전쟁 기념비와 꺼지지 않는 불꽃이 있다. 참고로, 주 정부는 4월 29일자 홈페이지 공지에서 5월 9일 이곳에서 열리는 승전 70주년 기념 행사에 중국, 북한, 일본, 벨라루스 대표단들이 참석할 예정이라고 밝혔다. 이 행사는 에어쇼 등을 보여주며 성대하게 할 예정이다.

이곳에 세워져 있는 전적비에는 제2차 세계대전 등 각종 전투에서 전사한 이곳 주민들의 명단이 새겨져 있으며, 전적비에는 다음과 같은 과거 주요 전투 목록이 기재되어 있다.

* 동중국 철도 전투(1929)
* 핫산전투(1938, 일본의 핫산침공)
* 할힌골 전투(1939, 소중간 국경 분쟁)
* 앙골라 전투(1982)
* 나고르니카라바흐전투(1992)
* 아르메니아 전투(1992)
* 타지키스탄 전투(1993)
* 아프가니스탄 전투(1078-1989)
* 북 카프카스 전투(현재도 진행중, 분리주의 이스람 원리주의자들과의 전투)

중앙광장

중앙광장은 레닌광장이라고도 한다. 이 곳은 얼음축제, 주 및 시의 행사개최, 만남의 장소 등으로 널리 사용되고 있다. 1917년 혁명이후 소련정부는 종교를 인정치 않고 성당을 무너뜨리고, 이름도 성당광장에서 콤소돌광장으로 바꿨으나, 최근에 러시아정교회의 성모승천성당(우스펜스키성당)이 다시 부활하면서 되찾은 이름이 '성당광장'이다.

트랜스피구레이션 성당

피구레이션 성당(St. Transfiguration Cathedral)은 세 번째로 큰 러시아정교회 성당이다. 러시아말로는 '쁘라하 브라젠스키'라 부르며, 이는 '성모 마리아가 마지막 깊은 잠에 든 장소'라는 뜻이다. 네 개의 금 장식 돔이 상층부에 있으며, 96m의 높이로 아무르강가 언덕에 위치하고 있어 주위와 조화를 잘 이루고 있다.

아무르강

아무르강(Amur River)은 러시아, 중국, 몽골 3국을 흐르는 총길이 4,444Km로 세계 8위이다.
중국에서는 검은 용을 뜻하는 헤이룽강(黑龍江)이라 부르며, 아무르는 러시아어로 '사랑의 신'이란 뜻이다.

아무르강은 동북아의 핵심 생태축(生態軸)이자 인류학의 보고(寶庫)이다. 아무르 습지의 풍부한 먹이가 있어 큰고니, 두루미 등 조류들이 서식하고 있다, 또 강가에는 녹색 초원이 있어 가젤과 늑대, 여우, 호랑이 등 동물들이 번식하고 있다. 살아 있는 아무르강은 강과 지류 범람원, 숲, 바다가 하나의 유기체라 할 수 있다.

아무르강을 발견한 무라비예프 아무르스키 동상이 이 강변에 서있다.

우리 관광단 일행은 아무르강가의 둘레길을 걸으며 낚시하는 사람들의 물고기를 낚는 모습도 보았고, 디나모 공원에 가서 인공호수 가운데 정자 안에 있는 카페에 들어가서 아이스커피 타임도 가졌다.

주간에 시베리아 횡단열차를 타기 위해 여행일정 하루를 연장했다. 이로 인해서 가이드가 입증한 바와 같이 여유가 있었고 여행이 더욱 알차고 재미가 배가되었다.

극동의 중심 도시 하바롭스크를 떠나면서 작별의 아쉬움이 있었다. 바둑판처럼 정돈된 도로변과 모스크바가 부럽지 않은 가로수길, 고풍스러운 건물들, 공원들, 광장들, 특히 전몰장병들을 기리는 보훈정신, 이런 것들이 인상적이었다.

비가 여러 번 왔다는데도 아직도 광장 가에, 공원의 나무 밑에 눈이 쌓여 있었다. 아직까지도 눈이 쌓여 있을까 설마하고 의심스러워 가까이 가서 지팡이로 파헤쳐보니 눈이 맞았다.

나무들은 새순을 낼 생각을 하지 않고 있다. 우리나라에서는 봄기운이 완연한데 아직도 겨울날씨 그대로이니 자연의 힘이 위대함을 새삼 느꼈다.

우리 일행은 여행 6일째인 2015년 4월 27일 오후 4시경에 이곳 공항을 이륙하여 한국시간 오후 6시 30분경 인천공항에 무사히 도착했다.

여행후 소감

여행 성공의 3요소는 가이드, 일기, 일행들이라고 한다. 그런데 조미향 가이드는 식견, 애국심, 성실성, 적극성, 친절미를 두루 갖춘 초 일류 정상급 가이드였다.

일기도 여행 5일차 오전 약 20분동안 이슬비가 조금 내릴 때 향토 박물관 안에 들어가 관람하였기 때문에 비를 맞지 않았다. 나머지는 전부 쾌청하였다. 일행들이야 60년 지기들이니 형제보다 더 가깝고 다정한 사이다. 금번 여행이 성공적이었음은 두말하면 잔소리다.

여행을 하는데 있어 기차 여행만큼 낭만적인 것은 없다고 한다. 그 기차 여행의 백미(白眉)가 바로 시베리아 횡단열차를 타고 여행하는 것이다.

많은 사람들이 시베리아 횡단열차를 타고 여행하기를 선망(羨望)한다. 그리고 그 말만 들어도 마음이 설랜다는 사람도 많다. 그만큼 낭만적이고 여행의 묘미가 함축되어 있다는 증

거다. 따라서 나는 서두에 "낮에 시베리아 횡단열차를 타보지 않은 사람은 여행을 논하지 말라"라고 단언했던 것이다. 이는 실제 체험을 통해서 이 말이 사실임을 느꼈기 때문이다.

가이드의 답서

*이 기행문을 이메일로 가이드에게 보냈더니
다음과 같이 답서를 보내와서 참고로 첨부한다.
가이드는 전남 담양 출생으로 딸 쌍둥이 엄마이며,
필자가 여행단 총무 임무를 수행했다.*

안녕하세요, 총무님.
담양댁입니다.

좀 더 일찍 답 메일을 드려야 하는데, 이제까지 가이드 하느라 시간을 낼 수가 없었어요. 바다같이 마음 넓으신 총무님이 이해해 주세요.

기행문을 꼼꼼히 잘 읽어봤습니다. 왜 함께 오신 여러 어르신들(특히 사모님들)이 총무님 칭찬을 그리 하시는지 알겠더라구요.
여기서 오랜 시간 가이드 한 저보다 사진과 글 솜씨가 정말 뛰어나십니다. 총무님 기행문은 100점 만점에 100점 그 이상입니다.!!!!

　시간이 지나도 〈화랑동기회〉 어르신들은 잊지 못할 것 같습니다. 지금도 한 분 한 분 눈에 선합니다. 너무나 멋지시고, 위트와 유머와 여유가 있으신 어르신들을 모시게 되어 저도 즐겁고 행복했습니다.

　모든 일정을 마치고 하바롭스크에서 마지막 인사를 드리고 헤어질 때, 눈물이 참 많이 났습니다. 저희 어머님 아버님과 헤어지는 마음이었습니다.

　아무쪼록 늘 건강하시고 지금처럼 그렇게 웃으시면서 즐겁게 사시기를 담양댁이 잊지 않고 기도하겠습니다. 특별히 오늘은 어버이 날로 멀리서나마 마음 가득 정성 가득 카네이션을 달아 드리겠습니다.

〈화랑동기회〉 어르신들 한 분 한 분 건강하시고 행복하세요. 시간 나는 대로 다시 안부인사 올리겠습니다. 감사합니다.

2015. 5. 8.
가이드 趙美香 올림.

"나야 나", 이렇게 자신 있게 자기를 표출할 수 있는 나, 나다운 참된 내가 되기 위한 전제조건은 내 입장에서의 내가 아니라 상대방 입장에서의 나여야 한다. 나를 필요로 하는 사람 중심의 나여야 한다. 내 가족과 사회, 국민과 인류을 위한 나여야 한다.

(본문 '나야 나' 중에서)

품격 있는 삶과 문학
예당 조병락 수필집

초판발행_2019년 11월 5일
지 은 이_조병락
발 행 인_이시찬
편 집 인_박찬희
발 행 처_도서출판 문학의봄
등록번호_제2009-000010호
등록일자_2009년 11월 19일
주　　　소_15801 경기도 군포시 곡란로 26. 매화아파트 1408동 1101호
전　　　화_010-3026-5639
전자우편_mbom@hanmail.net
다음카페_http://cafe.daum.net/bombomspring

ⓒ 조병락 2019

인　　　쇄 ¦ 대한인쇄씨엔씨
ISBN 979-11-85135-25-0 03810
값 13,000원

* 이 책은 전부 또는 일부 내용을 재사용하려면 반드시 저작권자와 도서출판 문학의봄의 동의를 받아야 합니다.

* 이 도서의 국립중앙도서관 출판시도서목록(CIP)은 서지정보 유통지원시스템 홈페이지(http://seoji.nl.go.kr)와 국가자료공동목록시스템(http://www.nl.go.kr/kolisnet)에서 이용하실 수 있습니다. (CIP제어번호 2019043281)